神戸レガッタ・アンド・アスレチック倶楽部150年史

日本スポーツ文化史とKR＆AC

発刊にあたって

神戸リガッタ・アンド・アスレチック倶楽部理事長　三木谷 研一

創立150周年記念史の刊行にあたり、倶楽部を代表して一言ご挨拶申し上げます。

KR&ACはちょうど今から150年前の1870（明治3）年9月23日に、神戸居留地の薬剤師かつスポーツ万能のアレキサンダー・シム氏を中心とするイギリス人達によって設立されました。当時はまさに近代日本の黎明期に当り、日本は殖産興業をはじめ急いで国家の体制を整えようとしていた頃で、スポーツの重要性に目を向ける余裕など全くなかったはずです。このような時期、横浜や神戸の外国人居留地で次々に外国人スポーツクラブが誕生し、レガッタはもとよりサッカーやラグビー、テニスあるいは野球といった欧米発祥のスポーツを日本に移植し、それが徐々に経済的発展と共に日本全国に根付いていきました。六甲山に日本初のゴルフ場を作ったアーサー・グルーム氏もKR&AC創設メンバーでした。

１８８６年に行われたＫＲ＆ＡＣと横浜ＹＣ＆ＡＣとの交流戦が初の日本国内における都市間サッカー公式戦とされています。我が国における今日のスポーツの隆盛を考えるとまさにＫＲ＆ＡＣを含め横浜や神戸の外国人スポーツクラブこそが日本の近代スポーツの生みの親であったことを実感する次第です。本誌を通じて、このような我が国と欧米との幸運な出会いと交流の実態を知っていただければ幸いです。

私どもといたしましてはＫＲ＆ＡＣが居留地時代を含め１５０年間にわたりスポーツや文化の交流を通じて果たしてきた大きな役割を踏まえ、今後とも神戸での国際交流と青少年の育成に貢献していく所存でございます。また市民にもより開かれた倶楽部になるべく、いろいろな試みにも挑戦して参ります。

最後に、１５０周年記念史の刊行に取り組んでいただいた関係各位にお礼申し上げるとともに、当倶楽部が我が国スポーツの発展に果たした意義をご理解いただいた上で出版を快く引き受けて頂いた神戸新聞総合出版センターにも感謝申し上げます。

目次 CONTENTS

創立１５０年を迎えて

150年の歴史を刻んで

第一部　ＫＲ＆ＡＣ誕生から１００年

髙木　應光

クラブの誕生

１８７０（明治３）年9月23日、神戸レガッタ・アンド・アスレチック倶楽部（以下ＫＲ＆ＡＣ）が誕生した。神戸の薬剤師で、有名なスポーツマンＡ・Ｃ・シムの尽力によるものだった。アレキサンダー・キャメロン・シム（Alexander Cameron Sim）は、１８４０年スコットランドのアバルー（Aberlour）で生まれた。他の書物によればアバディーン（Aberdeen）生まれともいう。おそらく、幼い頃に寒村のアバルーを出てアバディーンに転居したのであろう。後に、彼はロンドンに出て王立ロンドン病院の薬剤調合師となり、さらに香港の海軍病院の薬剤師に応募した。やがて１８７０年に上海から長崎を経て神戸に着き、薬剤師及び薬局経営者としての地

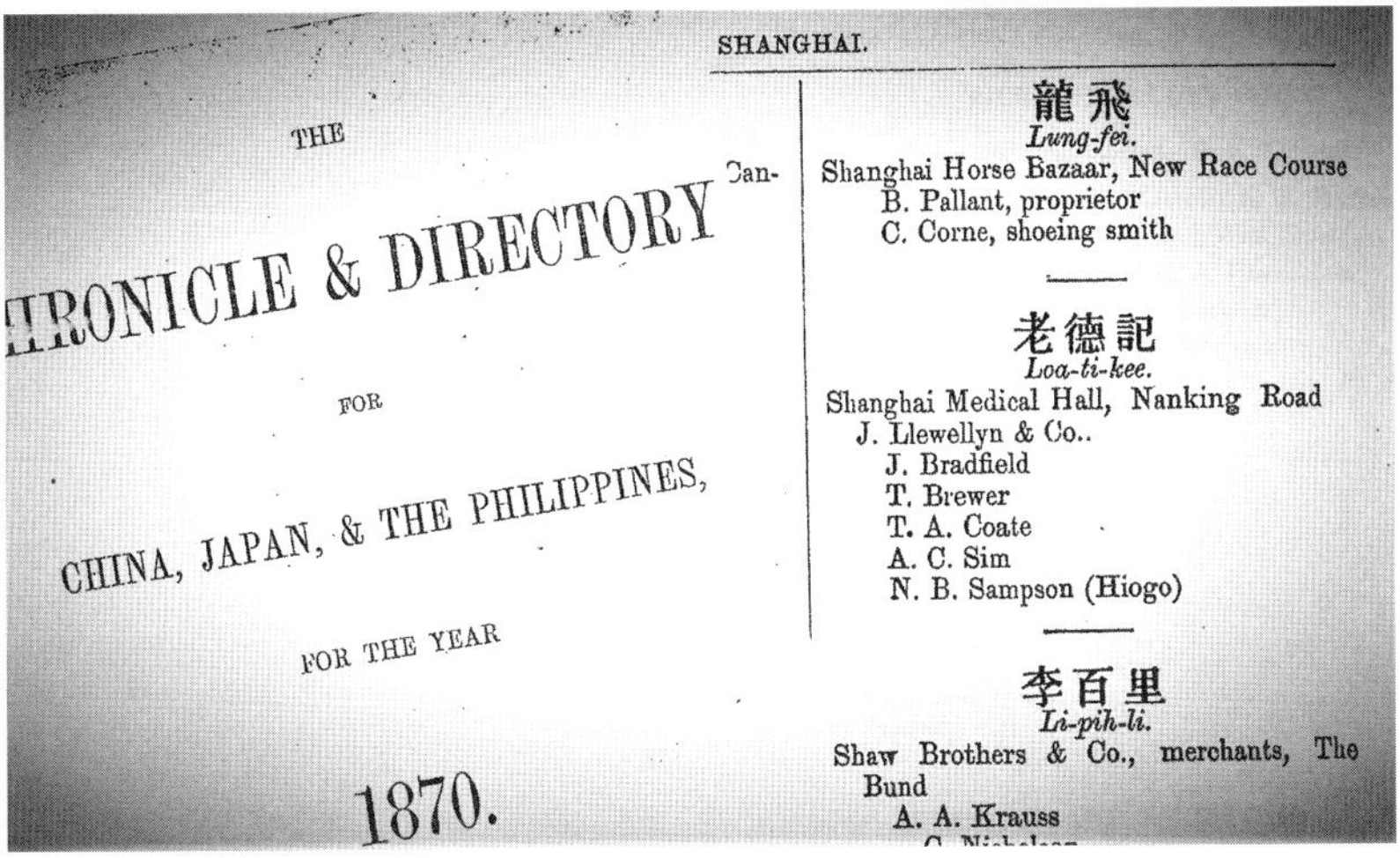
SHANGHAI.

THE
[C]HRONICLE & DIRECTORY
FOR
CHINA, JAPAN, & THE PHILIPPINES,
FOR THE YEAR
1870.

龍飛
Lung-fei.
Shanghai Horse Bazaar, New Race Course
B. Pallant, proprietor
C. Corne, shoeing smith

老德記
Loa-ti-kee.
Shanghai Medical Hall, Nanking Road
J. Llewellyn & Co..
J. Bradfield
T. Brewer
T. A. Coate
A. C. Sim
N. B. Sampson (Hiogo)

李百里
Li-pih-li.
Shaw Brothers & Co., merchants, The Bund
A. A. Krauss

上海でのＡ・Ｃ・シムを確認（1870年のディレクトリーから）

位を確立した。

Ａ・Ｃ・シムは各種目の受賞者で、スポーツマンとしての素晴らしい名声を伴ってやって来た。神戸へ到着後まもなく、アスレチック・クラブを創り、ボートハウスを建てようという彼の提案に多くのボートマンが支持した。彼の提案は、１８７０年9月21日の「ヒョーゴ・ニュース」（The Hiogo News）に掲載され多くの人々に注目された。

ＫＲ＆ＡＣを創立しようという諸氏の集まりが、その前日（9月20日）に開かれ、クラブのルール・規約が提案・承認された。そして選挙により委員として以下の諸氏が選ばれた。

シム、Ｊ・Ｗ・ヘンダーソン（J.W Henderson）、Ｗ・Ｈ・モース（W.H Morse）、Ｄ・Ａ・Ｊ・グロンビー（D.A.J Grombie）、Ａ・Ｈ・グルーム（Arthur Hesketh Groom）、Ａ・Ａ・ピストリウ

ス（A.A Pistorius）、J・ウオータース（J.Waters）の各氏。

クラブを正式に発足させるため、会議を１８７０年9月23日に開催する旨を公示した。この会議はオリエンタル・ホテルで行われたが、もちろん現在の建物ではなく現在の場所でもなかった。現ホテル前の道路を挟んで向かい側の京町79番地にあったオリエンタル・ホテルで行われた。会議には31人もの熱心な人々が集まり、スミス・ベーカー商会（Smith Baker & Co.）支配人モース（W.H. Mors）が会長になった。すでに草案となっていた規約が提案・可決された。こうして１８７０年9月23日にＫＲ＆ＡＣは神戸開港3年足らずで創設されたのだった。

シムは、最初の委員会メンバーになった時から亡くなる１９００（明治33）年11月28日まで、神戸の若い人々に根気よくスポーツを普及しようとした。彼はクラブ創立者であったが、会長になろうとはしなかった。彼は長い間、クラブのキャプテンを務めた。だが、このポストは廃止さ

クラブの創設会議が行われたオリエンタル・ホテル
（写真は居留地80番、神戸市文書館提供）

れて久しい。

初代のボートハウスとクラブハウス

1870（明治3）年、シムはスポーツと社交的活動を兼ね備えたクラブの必要性を感じ取り、KR&ACという形で実現させた。変化や困難な状況にもかかわらず、クラブは100年間も成功裏に受け継がれ、将来についても明るい見通しを持っている。

まず初めにボートハウスと体育館の場所を決定することが重要であった。クラブの正式な発足に先立って、日本側当局との間ですでに交渉が行われていた。また、英・米・普の各領事の支援によって良い返事が得られていた。日本側当局から提案された土地は、今の米総領事館からあまり遠くない、いわゆる「東の船溜り」付近だった。

この頃、外国人の人口は、中国人を除いて約300人である。大半は、居留地という限定された地域に住んでいたが、境界線のすぐ外側に住む者もわずかながら居た。彼らは、現メリケン波止場の西側の海岸沿い、今の元町入り口付近、三宮及び生田神社周辺に住んだ（もちろん数年後には、外国人のビジネス及び住居は、山側や神戸村の周辺に拡がって行った）。このように、新設のKR&ACは、外国人の住居や事務所から歩いて数分の便利な場所に位置していた。

元のボートハウスとその裏に在ったクラブハウス（「体育館」とも呼ばれた）については、興

初代ボートハウス前に集まったメンバーたち

味深い話がある。ボートハウスは、52×50フィートで、4本オールのボート8艇を充分格納できる広さだった。さらに、小さいボートを何艘か置くことができた。また、18×14フィートの更衣室があり、バスルームその他の設備もあった。その反対側にはバーとボートの管理人の部屋があった。ボートハウスは木造だったが、クラブハウスは竹と漆喰で造られていた。体育館の広さは80×35フィートで、30×35フィートのステージがあり、ボクシング、フェンシング、演劇に最適であった。ここにもバスルームと更衣室、そして券売り場があった。券売り場及びホールは第1回の委員会で提案されたもので、神戸のアマチュア劇団や巡行プロの公演ができるように、また居留地の人々がダンスや会合が行えるようにというものだった。

ＫＲ＆ＡＣは創設の会議から３カ月も経たない内に、外国人社会の中で確固とした名誉ある地位を確立した。以来１００年が過ぎ、この間に外国人社会において私心なく無償の働きをしたメンバーたちのお蔭で、創設者たちが到底思い及ばなかったような役割をも果たしてきた。

初期の活動

１８７０（明治３）年12月10日付の英字紙「ヒョーゴ・ニュース」の伝えるところによれば、新設のクラブは「クリスマス週間の楽しみを企画し、生活に刺激を与えよう」としていた。ペーパーチェイスゲーム、アマチュアふんする黒人吟遊詩人劇、レガッタ（ハンディなし）等が予定されていた。このレガッタは、12月24日に行われ、初代のボートハウス及びクラブハウスの落成式に彩りを添えた。

この日シムはボートレースには参加せず、試合運営を優先し、スターターと審判役を務めた。このレガッタの写真が今も保存されている。大きくて立派なボートハウス前に約40人の外国人が集まり、オールを持ったエイトの2チームが、ボートに乗り込むところが写っている。

また、１８７１（明治４）年３月15日には、１６０人以上も集めた画期的な催しが行われた。その後クラブでは、このような催しが何年にもわたって行われた。事実、神戸におけるアマチュア演劇は、その後80年間にわたり全てというほどKR&ACで行われた。この伝統は1945（昭和20）年の空襲でホールが破壊されるまで続いた。

競技と「インターポート・マッチ」の始まり

1871（明治4）年3月29日にクラブの第1回年次総会が開催され、28人のメンバーが出席した。翌月には、クラブの第1回スポーツ大会が兵庫レース・クラブ（Hiogo Race Club）のコース（生田神社の東側にあった競馬場）で行われた。大阪在住メンバーが、このクラブ名に異議を唱えたため間もなく兵庫・大阪レースクラブ（Hiogo & Osaka Race Club）と改めた。コースは、現三宮駅の北、生田神社東側にあった。このスポーツ大会は、小さな外国人社会の生活にとって重要な意味を持っていた。この大会の予告として「ヒョー

正装で鑑賞する人々：KR&AC の Gymnasium Theatre（谷口良平氏提供）

ゴ・ニュース」は「男子1／2マイル、船員1／2マイル、スナイダー短銃剣と14ポンドの背嚢を担いでの2マイル徒歩競走」等と競技種目を伝えている。A・C・シムは砲丸投げとハンマー投げで優勝し、最高ポイントを稼いだ。ある競技者の投げたハンマーが、あらぬ方向に飛んで行き、あわや見物人を惨事に巻き込むという場面で大会は大いに盛り上がった、と地元紙は報じた。この大会に参加した若い人の中にA・H・グルームがいた。彼は、後に六甲山開発のパイオニアとなり神戸ゴルフ倶楽部を創設した。また、1882～84年にKR&ACの会長を務めたロバート・ヒューズ（Robert Hughes）もいた。

1871年の夏―クラブにとって初めての夏―は、海水浴場が設けられた夏として記録された。ブイで囲まれた水泳区域、そして更衣室が砂浜に設けられた。これは、今の税関の中央ゲート辺りであった。その後、70年間クラブが敏馬《みぬめ》の土地を失うまで、ボート、水泳、水中スポーツ、水球などがクラブの主たる活動種目だった。後には、上海や香港の水泳クラブとの間で何回かの競技大会が行われた。最初の水泳施設は本格的なものでなかったため、1カ月後の台風で流されて終った。1871年のもう一つの重要な出来事は、日本における最初のインターポート・レガッタであった。KR&ACは、クルーを横浜に送り、横浜のボートマンと競漕した。当時、横浜には外国人のレガッタ・クラブが2つあった。横浜ローイングクラブ（Yokohama Rowing Club）と日本ローイングクラブ（Nippon Rowing Club）である。神戸は「4人漕ぎ」では負けたが、「ダブル・スカル」と「2人漕ぎ」では神戸が楽勝した。A・C・シムは、両レースとも神戸のボートを漕いだ。

当時は、後世ほどビジネスに時間を取られなかったので、スポーツをする時間は十二分にあった。鉄道は、未だ神戸まで延びていなかったので神戸チームは、蒸気船に乗って横浜に向かった。帰る際、予定の蒸気船が遅れたので神戸チームは横浜のスポーツ大会に参加し、15ゲームのうち9ゲームに勝つことが出来た。

設立後1年間のKR&ACのスポーツ活動は、以上のような内容だった。後の「インターポート・マッチ」の伝統は、こうして始まったのだった。

情熱家のスポーツマン　A・C・シム

KR&AC及び神戸におけるスポーツの発展は、まぎれもなくA・C・シムの尽きることのない情熱から生まれたものである。ロバート・ヤング（Robert Young）は、スポーツマンとしての素晴らしいシムの能力を「ジャパン・クロニクル」（Japan Chronicle）の「神戸の歴史」の中で次のように述べている。

1872年4月5日、A・C・シムは居留地~摩耶山往復競走の勝者であった。摩耶山は、居留地から4マイル1／4ほどの距離にある。実際のコースは、海抜2300フィート、所によっては極めて急な勾配もあり、最後には260段の心臓破りの石段がある。レース参加者は唯の二人。KR&AC主催で、2人とはA・C・シムとヒョーゴ&オオサカ・ヘラルド紙のA・H・ブラックウエル（A.H. Blackwell）であった。先ず、A・C・シムが石段の頂上に到着。復路、彼は急にリードを拡げ、全長8・5マイル、2300フィートの高度を1時間24分30秒でゴールした。

シムは、レースの前に100フィートの鉄製メジャーでKR&ACから摩耶山の寺まで、自分自身で距離を測ったと言われる。神戸の周辺をこのように計測するのは、シムの趣味だった。例えば、メリケン波止場から赤灯台（おそらく垂水の灯台）向かいの茶店までが、8マイルと540ヤードとか。摩耶山のレースは、数多く行われた珍しいレースの一つであった。布引をめぐるペーパーチェースは、よく行われたレースであった。当時、ニホンザルの家族が布引の森に住んでいたので、口髭を蓄えた若いスポーツマンが見えると、きっと話題になったに違いない。

後には、様々な長距離レースが行われた。例えば、1908（明治41）年3月15日のレクリエーション・グラウンドから宝塚までの競歩。16人が出発、途中で5人が棄権、11人が完走した。E・W・ジェームス（E.W James）が優勝、2位は2ヤード遅れでサマーヴィル（Somerville）であった。

1875年のレクリエーション・グラウンド条約

P・フランクの権利抹消に伴って、領事たちはこの土地（現市役所～東遊園地）の利用について日本政府との交渉に入った。1875（明治8）年8月19日に最終合意に達した（一般に「1875年の条約」と言われる）。これは、東京に於いて外国列強及び日本政府との間で9467坪1／36の区域が、「外国人及び日本人の共通のレクリエーション用に、永久使用される」と署名された。特に、後半の文言を忘れてはならない。というのは、本書の中で頻繁に引用されるからである。意図的か否か、不幸にもこの文言はレクリエーション・グラウンドについて言及される際、無視されて来た。条約の全文は次頁のとおりである。

レクリエーション・グラウンド誕生

1875（明治8）年の「公園約定書」への署名に続き、居留地会議が条約の主旨に則りレクリエーション・グラウンドの造成にとりかかった。居留地会議（Municipal Council）、正しくは兵庫居留地会議（Hiogo Municipal Council）。この名称は、本書に頻繁に登場するが、ここでは「外国人居留地会議（Foreign Municipal Council）」の名称を使用する。これは、日本の市議会（Japanese Municipal Council）と区別するためである。もちろん、後者は日本の街区に責任を持つもので

条　約

神戸（兵庫）居留地内の公共グラウンド及び庭園に関して

1．神戸外国人居留地内のレクリエーション・グラウンドの名称は、日本人及び外国人用の公園と呼ぶ。

2．当グラウンドの総面積は 9,467.1/36 坪である。この測量と境界は付属の図面に表示してある。

3．このグラウンドを公園として建設・維持する費用は、神戸外国人居留地会議が負担する。

4．このグラウンドの運営は、すべて居留地会議に任せる。居留地会議は、これを互いの永久信託の下、内外人共用のレクリエーション施設とする。目的外使用は認められない。

5．この土地の使用料などは、日本政府に支払わない。

この日、1875 年 8 月 19 日、江戸にて署名

寺島宗則　C. デ・グルート（C.de Groote）

ハリー S. パークス（Harry S. Parks）　C. ストルーベ（C. Struve）

フィー（Fe）　セント・クウェンティン（St. Quentin）

ジョン A. ビンハム（John A. Bingham）　ホルビン（Hollebin）

ウェックホルテン（Weckhorten）　M. アルバレス（M. Alvarez）

ある。文中に会議という言葉がたびたび現れるので説明が必要と思われる。居留地では、次のメンバーによって構成された居留地会議が立法を担った。すなわち、県知事、複数の領事、居留地居住者からの選出者3名、以上のメンバーであった。会議の進行は英語で行われ、大半の内容は神戸の英字新聞に掲載された。初期の頃、ＫＲ＆ＡＣの委員と外国人居留地会議のメンバーは、ほぼ同じであった。

レクリエーション・グラウンドの造成は、かなりの工事で時間がかかり、１８７６（明治９）年の春季スポーツ大会まで使用できなかった。そこで、海岸通りの南側・芝生の小公園でレースが行われた。この日は、また神戸・横浜・上海によるインターポート・レガッタが、海岸通りの南側の海で行われた。神戸は「４人漕ぎ」で勝利を収めた。この日の参加者は、シム、Ａ・Ｈ・グルーム、Ｆ・Ｍ・ジョナス（F.M. Jonas）らであった。Ｆ・Ｍ・ジョナスは、ＫＲ＆ＡＣの会長を10年間（１９３２〜４１）も務め、長期在任記録を残したフランク・M・ジョナス（Frank M. Jonas）の父親である。

レクリエーション・グラウンド（日本人は「東遊園地」と呼んだ。また、日本の記録では「内外人公園地」とも記されている）は、１８７６年の年末に利用できるようになった。翌年5月、クラブのスポーツ大会がここで開かれた。この大会はＫＲ＆ＡＣが催した第1回のスポーツ大会ではなかったが、新設されたレクリエーション・グラウンドでの最初の大会であった。既に述べたように第1回スポーツ大会は、１８７１年に競馬場で行われている。以来、スポーツ大会は、

1876年にレクリエーション・グラウンドが完成するまで、使用可能な様々な場所で行われた。例えば、居留地の北東角の空き地など。ここではクリケットも行われた。後に、この土地は神戸ローンテニス・クラブが使用した。KR&ACのテニス部とは別個の外国人クラブである。ここにはコートと東屋があった。

クラブハウスの移転

居留地会議は、長い間市民ホールまたは公共ホールの必要性を考えていた。しかし、このようなホールがないため、会合は近隣のホテルまたはKR&ACのクラブハウスで行われていた。現、大丸デパート南側の何カ所かが検討された。この辺りが、居留地行事局や居留地警察署―この2つの組織が明石町と中町の角No.38に同居―に近くて便利で良いと考えられた。しかし、レクリエーション・グラウンドの土地が獲得できた頃、このグラウンドに市民ホールを建て、この建物の一部をKR&ACのクラブ・ルームとして自由に使わせようという案が浮上した。一方クラブは、その頃クラブハウスを建て直すか、それともボートハウスへ移転するかの決断に迫られていた。従って、居留地会議が温めていた案は、クラブにとって歓迎される解決策であった。1877（明治10）年2月、クラブの年次総会でシムが、以下のような提案をした。

「クラブハウスをレクリエーション・グラウンドに建てさせて欲しい。その場所については、居留地会議に一任する」。「このような要望書を居留地会議に提出したい」と。

この提案は、A・H・グルームに支持され総会で可決された。やがて居留地会議は、市民ホールまたは公共ホールを建設しないとの方針を固めた。そして、レクリエーション・グラウンドの一角に予定していた市民ホールの土地をKR&ACが自由に使用しても良い、との代替案が示された。その後、クラブハウスがここに建設され、クラブが地域社会やクラブ自身のために運営に当たる、という合意ができた。

居留地会議の議事録によれば、この申請書は1877年11月9日の会議で検討された。この会議でA・H・グルームがKR&ACのクラブハウス建設について

神戸レガッタ・アンド・アスレチック・クラブ
神戸 1877 年 11 月 9 日

兵庫居留地会議議長
A.A アネスリー（Annesley）殿

クラブの委員会に代わり、貴会の承認を得て我がクラブハウスをレクリエーション・グラウンドに移転することを許可して頂くようお願い申し上げます。

貴殿の忠実な下僕
神戸レガッタ・アンド・アスレチック・クラブ事務官
マシュー・T. B. マックファーソン
（Mat. T.B. Macpherson）

東遊園地での野球と2代目クラブハウス（奥の建物）

賛成意見を述べた。彼の動機は、マッケンジー（Mackenzie）によって支持され、反対もなく可決された。

このような経過で、レクリエーション・グラウンドに、より大きくて最新設備を持ったクラブハウスを建て直すという案が、翌年のクラブ年次総会で発表された。見積額は、700ドル（当時の500円または500米ドル）で、その内200ドルは競馬クラブからの寄付であった。というのは、このクラブは立ち退きを迫られ解散を決定し、残金をKR&ACに寄付したのであった。

このように、レクリエーション・グラウンドへのクラブハウス移転は、居留地会議の支援で実施された。その代償としてKR&ACは、地域社会とクラブ自身のためにクラブハウスを維持・管理することとなった。このようにして、ＫＲ＆ＡＣのクラブハウスは外国人社会における公共ホール・集会場・町の広場・村の共有地—呼び名はいろいろあるが—と見なされるようになった。こうしてクラブハウスを地域社会の会議や集会に提供するという伝統ができあがった。状況も程度も異なるが、この伝統は今でも根強く息づいている。こうした初期の歴史、つまりＫＲ＆ＡＣ年次総会が（私的なクラブでありながら）、以上のような経緯で報道機関に公開となった。これもまた伝統であった。

クラブ創設者の死

オーストラリア出身のＣ・Ｍ・バーニー（C.M. Birnie）は、一時期、日本で最高の競泳選手であった。また、走るのも速くクリケットやフットボールも巧かった。１８９２（明治25）年には京都—神戸の10時間競歩も完走した。このようにオールラウンドで素晴らしいスポーツマンだった彼も、１９５８（昭和33）年日本で亡くなっている。シムはこのＣ・Ｍ・バーニーとともに大阪へ行き、そこで食べた牡蠣に当った。Ｃ・Ｍ・バーニーも腸チフスになったが、運良く助かった。だが、クラブの創設者シムは、腸チフスの熱で苦しみ、１９００（明治33）年11月28日に不運にも亡くなった。クラブにとっては、大きな痛手であった。

１９０１年、御影石のオベリスクが、レクリエーション・グラウンドにある樅の木の下で除幕された。それは、シムの地域社会への貢献を示したものであった。式典は、内外の著名人が多数集まり、兵庫県知事・服部一三により執り行われた。「式典は、参列者がゆっくりと帰っていく中、リゼッティ(Rizzetti)の楽団が、シムの故郷スコットランドの曲『蛍の光』を演奏し、雰囲気を醸し出した」と、神戸クロニクル紙は報じている。

顕彰碑の費用は、内外人の寄付によって賄われた。これは、神戸に暮らした外国人を記念して建てられた数少ない石碑の一つで、今もレクリエーション・グラウンドに建っている。

碑文は、英語で

「アレキサンダー・キャメロン・シム　Alexander Cameron Sim

公共のための働きを顕彰して

A・C・シム顕彰碑の除幕式（1901）：中央の人物はJ.Cホール英国領事、シムの故郷スコットランドの曲「オールド・ラング・サイン」（蛍の光）が流れる中、散会した。
（谷口良平氏提供）

スコットランド、アルバー生まれ
１８４０年8月28日生まれ、１９００年11月28日没」
裏面には
「30年間、神戸に居住の間Ａ・Ｃ・シムは、公共の福祉と利益のために
真っ先に立っていた。
神戸・横浜・長崎の友人らにより建立」
加えて漢文による長い碑文がある。

敏馬《みぬめ》のボートハウス

敏馬のボートハウスへは、神戸から大阪への道を通って自転車で行くことができ、また、人力車に乗れば30分、20銭（10米セント）だった。が、間もなく阪神電車が開通したので岩屋駅まで乗り、駅からボートハウスまで歩いて10分足らずであった。贅沢ができる人は、別の方法として神戸のメリケン波止場まで行き、クラブがチャーターしたニッケル&レオンズ社（Nickel & Lyons Ltd.）の船に乗った。真夏の時季には、これが非常に人気で、船は輸送力を増強するために大きな艀《はしけ》を引き、それに籐椅子を並べた。またメンバーたちは、贅沢の極みのごとく、くつろいで籐椅子に寝そべり夕方の涼しい風を楽しんだ。当時は、このような素朴な楽しみが人生のスパイスだった。

1901年にオープンした敏馬のKR&ACボートハウス（石戸コレクション）

敏馬のボートハウスにおける数々の行事やスポーツについて、丸々一冊の本が書けるほどである。ボート・水泳・水球・ヨット・ローンボウリング、テニス等々。日本生まれの何百人もの幼い外国人たちが、砂浜で遊び、水浴びし、大きくなり結婚し、何人かは外国人商会の支配人となり、やがて多くが外国人墓地に埋葬された。つまり、敏馬のボートハウスとクラブハウスの詳細な歴史は、大半が神戸の外国人社会の歴史そのものと言える。

新しいボートハウスは、1901（明治34）年の春オープンした。オープン記念のイベントの一つが、6月7日〜8日の「インターポート・レガッタ」であった。オープンを祝って立派な冊子が発行された。この冊子には東の船溜にあった初代ボートハウスや2代目小野浜ボートハウス等、多くの挿絵が載せられていた。

夕方には、約70名が伝統のインターポート・ディナーのテーブルに着いた。引き続きディナー・ショーのような気軽なコンサート「Smoking Concert」も開かれた。当時の新聞によるとすべて正式なマナーのもとに行われ、演奏者たちは神戸及び国際レベルの人々だったという。

このように敏馬のボートハウスは、明るい未来を予測させるような大きな話題を提供してスタートした。

このボートハウスは、典型的なヴィクトリア朝タイプの素晴らしい建物であった。外観は、先代の小野浜ボートハウスとよく似ており、何回もの増改築が行われた。広い砂浜には、クラブの堅固な桟橋があり、メンバーを乗せ神戸と往復する船が繋いであった。桟橋の先は、水深10フィートで高・低2種類の飛び込み台が設置されていた。泳ぐ人のために小さな箱ブイが錨で繋いであり、さらに大きくてガッシリした浮桟橋も繋がれていて、ここからボートを降ろした。2階建てのボートハウスの床下には、種々のボートや神戸セーリング・クラブのディンギーが、ゆったりしたスペースに収まっていた。3、4人の船頭（ボートマン）が、これらを出し入れしてくれた。船頭長のヒライは、常雇いで長年にわたり忠実に働いてくれた。

2階のメイン・フロアーには、広いベランダがあり男性専用だった。レガッタ競技会や祭りの夜など特定の日には、女性にも開放された。しかし、それ以外は女人禁制だった。だが世間では、この問題や他の社会問題についても変化の風が吹き始め混沌として来た。1925（大正14）年4月、クラブが問題を検討していた頃、ジャパン・クロニクル紙の編集長が、この問題について論説したのは良いタイミングであった。

男女に関わらず平等にメンバーになり得る時代は、未だ到来していないのかもしれない。恐らく我々は、未だそこまで文明化していないのだろう。様々の機会に婦人たちがクラブの行事にどれだけ力を貸してきたか、それを考慮すれば彼女たちが、メンバーとしての知的能力を欠いているとは言い切れないだろう。女性もメンバーに、という提案は、KR&ACにとって最も重要な問題で、しかも色々な意味で最も望まれることで……。

ボートハウスの2階ベランダ後方には、寛げるバー、トランプルーム、非常に広い更衣室、シャワー等があった。廊下は広く壁という壁には、クラブで開催されたスポーツ大会やイベント、そして参加者の写真が額入りで飾ってあった。その何枚かはクラブのごく初期のものだった。さらに後方には、厨房と使用人用部屋があった。婦人用の部屋は別棟にあって、男性側とは屋根付きのベランダで繋がっていた。このベランダもダンスホールとしてよく利用され、一種の社交場になっていた。その下、1階には子供用の部屋があり、子供は2階へ立ち入り禁止だった。

婦人用の別棟の直ぐ前には、枝ぶりの良い大きな松が植わっていた。木陰には子供たちや家族がいつも集っていた。この松の木は、大阪への浜街道沿いにかつて何千本と立ち並んでいた松並木の名残の一本だった。この大木もやがて、婦人棟増築のために切り倒されてしまった。

活発だったレガッタ

KR&ACの名前でも判るように、クラブの活動の中心はレガッタだった。トレーニングは、3月下旬または4月から始まった。レガッタは春と秋の両シーズンに行われた。レースはジュニアとシニアに分かれ、スカル、ペアー、ダブル、フォーで行われるのが伝統だった。

早くも1873(明治6)年、神戸のクルーが遠征し長崎クラブと、1875年には再び長崎クラブと、そして上海クラブとも競漕した。上海との対戦では、シムがボートを漕ぎ優勝に導き、レガッタ・カップを獲得した。その後インターポートは、長く伝統となった。中でも、神戸対横浜のインターポート・レガッタは、毎年の大きな行事となった。

1907年インターポート・レガッタ(敏馬ボートハウス沖)

第一次世界大戦勃発まで、敏馬のレガッタ大会では、レースの合間にリゼッテイ楽団（別名ドイツ楽団）が、ボートハウス前の浜で演奏するのが常だった。メンバーたちは、この日を非常に楽しみな日と感じていたし、まさにその通りだった。だが、１９１４（大正３）年戦争が始まってからは、敏馬はもちろんのこと、何処もかも戦前とは全く様相が違ってしまった。

１９２０年代には、日本の大学クルーが定期的に敏馬を訪れクラブと競漕した。敏馬でのレースは海上だったので、最大のボートは合板厚板造りの「４人漕ぎ」だった。これさえも、急に波が荒くなった時には度たび転覆した。

時には日本の大学生に対抗して、大阪の天満橋～中之島間の河川レースにも参加した。現在この付近は、大阪でも一、二のビジネス街である。最近、この川も汚濁が進み不潔で気分が悪いが、当時は水も澄んで快適だった。後にクラブは、大津の近く瀬田川の石山で頻繁に京都大学競漕部と競漕した。また、京大の「エイト」のボートを借りての競漕も行った。

1928 年上海とのインターポート・レガッタのプログラム

上海との最後のインターポートは、１９２８（昭和３）年６月７日・８日の両日にわたって敏馬で行われた。また翌日には、瀬田川の石山でＫＲ＆ＡＣ及び上海の両クルーが、同志社大学と競漕した。

クロールと水球

第一次世界大戦が終わった頃、敏馬には速い水泳選手が数人いた。日本人の水泳選手も敏馬に来て熱心に学んだ。速い選手と言えば思い出す人物がいる。神戸居留地生まれのＥ・Ｗ・スレード（E.W. Slade）が、アメリカでコーチを受けるため日本を旅立った。アメリカでクロールを学び、ある学校のリレーチームのメンバーになった。このチームは、１９１３（大正２）年ニューヨーク高校水泳選手権に優勝したのだった。１９１６年、日本に帰った彼は、ＫＲ＆ＡＣに入会、日本にクロールを紹介した人物として有名になった。クロールは新しい泳法で、日本の学生たちも熱心に学んだ。そして10年も経たない内にクロールを上手に取り入れ、全国水泳競技会を開催したのだった。

スポーツクラブとしてのＫＲ＆ＡＣの名声及び日本の水泳振興への貢献は、以下の通りである。１９２０年代の米国オリンピック選手ジョニー・ワイズミュラー（Johnny Weismuller）やグラッベ兄弟（the Grabbe brothers）が、日本を訪れた際、敏馬での泳法披露を喜んで引き受けてくれた。また、１９２７（昭和２）年のオーストラリア・チャンピオンたちも、敏馬を訪れ泳法を披露した。

水球もまた、敏馬のKR&AC及び横浜の外国人クラブを通じて日本に紹介された。KR&ACは、日本チームやイギリス極東艦隊チーム――当時、日本付近で夏を過ごした――と何回も試合を行った。さらには、横浜とのインターポート・マッチもあり、時には上海とも試合をした。

KR&ACが波打ち際の土地を手放した後も、水球や水上競技はプールで行われた。もちろん、テニスも4面のコートで、中断することなく最後までプレイされた。

陸に上がったボートハウス

1924（大正13）年に広範囲にわたる海岸埋立計画が、新聞で報道された。新聞から判断すると2～3年の内に敏馬ボート

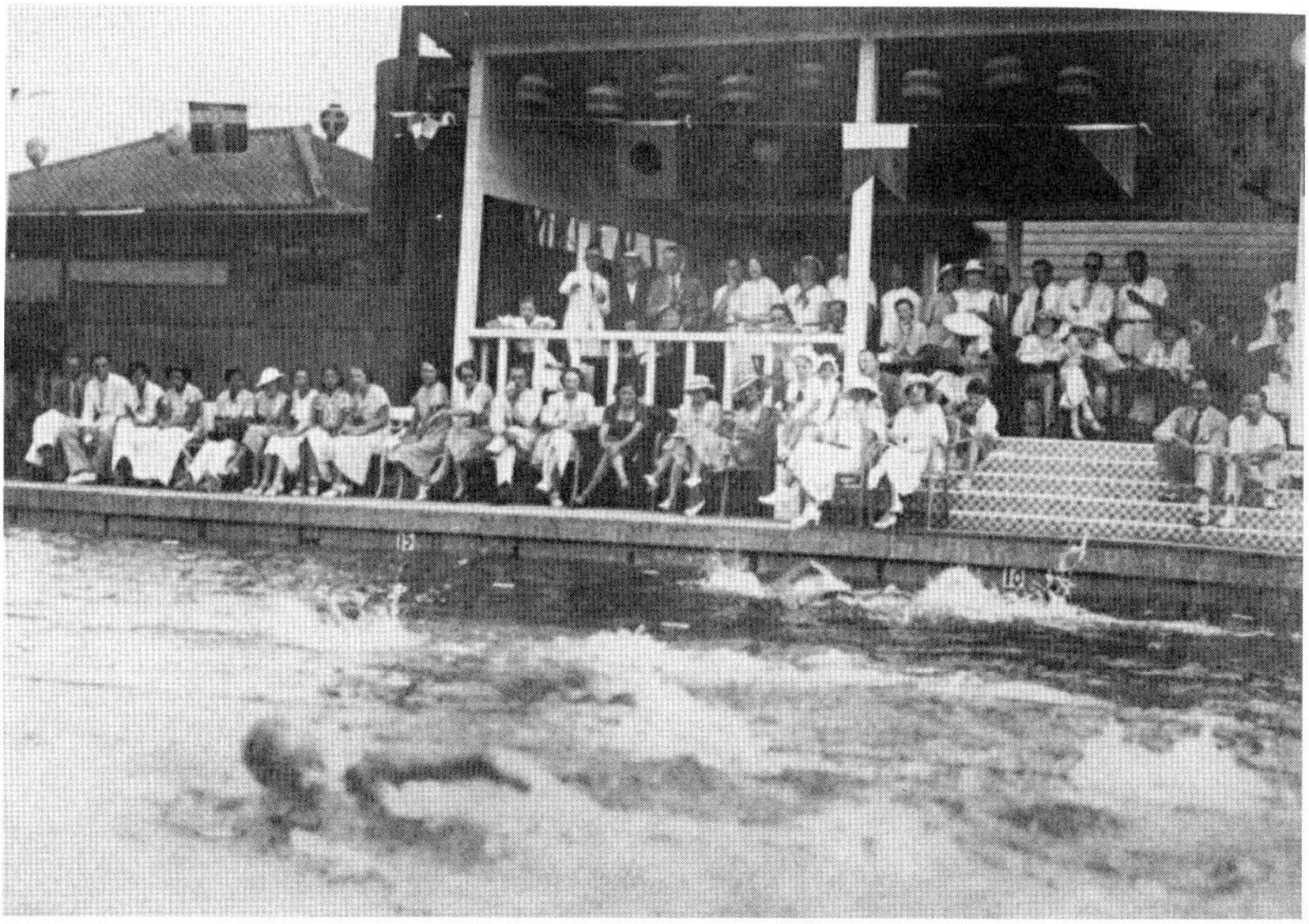

敏馬プールでクロールの泳法を披露する選手

ハウスは波打ち際を奪われることになる。

海岸の使用期限は1925（大正14）年3月までだったが、1年間延期された。もともと桟橋の使用許可は、1928（昭和3）年2月12日まで有効だった。そこでクラブは、灘の漁師たちと共に県庁まで赴き、1928年まで海を使いたい旨を伝えたが、避けられない事態となりつつあった。第4埠頭から敏馬を越えて広範囲の埋め立てが、間もなく始まることになった。ボートやヨット、海水浴は不可能になるだろう。その後2〜3年は利用することが出来たが、ついに埋め立ては敏馬の村まで延びて来て、やがてクラブを完全に海から切り離してしまった。その後、ボートは大学ボート部に売却されたのだった。

避難所となったクラブハウス

1923（大正12）年9月1日、KR&AC委員会は、関東大震災で横浜からの多数の避難民が、クラブハウスを避難所として利用できるよう、神戸外国人救援委員会へ提供することに決めた。これこそ、「クラブハウスは地域の公民館としても利用されるべき」という長い伝統に基づくものだった。外国人避難民たちは、まさに「着の身着のまま」だった。ロシア人避難民救援委員会デイビッド・H・ジェームス議長は、400名に及ぶロシア人に18日間の宿舎を確保した。その後の宿舎や定住場所が見つかるようにも尽力した。希望するアメリカや、その他の国々への海外移住まで、そのほとんどを委員会で世話をした。救助を必要とする人々への宿舎、食糧、衣料、風呂等について多大な尽力を必要としたが、KR&AC内で成功裏に執り行われた。

新しいクラブハウス

1927（昭和2）年11月18日、新しいクラブハウスの開館式には、市長や日本側役人を招待しての大パーティーで始まった。クラブの会長シドニー・ステファン（Sydney Stephens）が、開会の辞で再建の重責を担った中心人物はJ・フレッド・ジェームス（J. Fred James）だったと賛辞の言葉を贈った。続いて黒瀬市長は、「我々、神戸市民のスポーツライフが、今日の様に発展したのは貴クラブに負うところ大である。この機会にKR&ACへの感謝の言葉を述べたい。……新クラブハウスの完成が、国際親善をさらに発展させる上で画期的なステップと考える。……このクラブハウスは、理想的な建物であり設備も充実し完璧である。私は、神戸の市長として神戸にこんな立派な施設があることを誇りに思う。クラブが、さらに発展・繁栄することを心から願う」と述べた。

夕刻の音楽は、KR&ACのメンバー8人からなる外国人アマチュア・オーケストラ「神戸ダンス・オーケストラ」が受け持った。

この式典の記念誌は、新しい建物の特徴、中でもメイン・ホールを詳細に報告している。照明設備、オーケストラ・ピット、更衣室、映写室、座席６００の配置など。催し事や会合のない時、フロアーはバスケットボール、バドミントン等に使われた。改築された新クラブハウスと古い建物は、体裁よく繋がれた。

ホール正面（西側）に自動車が乗り入れられるようにするため―KR&ACと神戸クリケット・クラブが合意して―神戸クリケット・クラブ所有の茅葺き小屋を別の場所へ移築した。この小屋は長い間、居留地のランドマークとなっていた建物であった。

新クラブハウスは、クラブが長い間感じてきた必要性、つまり格式の高い雰囲気のホールを再度提供したいとの思いに沿った建物だった。外国人社会の会合、例えばセント・ジョージ協会やセント・アンドリュー協会の年次パーティー、ワシントン協会の再結成、国際病院の年次パーティー、バザー、各国の祝催事、日曜日の映画鑑賞会などに、このホールが求められていたのだった。

当時、神戸倶楽部は、上述のような活動には使われていなかった。というのは建物の構造が、このような集会・活動に適していなかったためである。さらに男性だけのクラブという超難点があり、女性には固く門戸を閉ざしていた。１９２０年代後半には、年一度の「レディス・ナイト(Ladies night)」に妻やガールフレンドを招待することも可能となったが、それは年に一度だけであった。つまりKR&ACのクラブハウスは、ホテル以外で外国人たちが、ダンスや催事で集まることのできる唯一の場所であった。

1927 年竣工した新クラブハウス

ボートハウス、さらに東へ

敏馬のボートハウスが、海から切り離されてしまったことは前述した。1939（昭和14）年にボートハウスは、神戸製鋼所（神戸製鉄所）に売却されてしまった。1939年の1年間に、新しい場所探しと問題検討のため、会議が何度も召集された。何人かのメンバーは東の方が良いと言い、他は神戸の西・須磨の近くが良いと言う。適切な場所は2カ所しかなかった。その一つは芦屋の西・商船学校の近く。他の一つは、日本人の高級別荘が建ち並び風光明媚な須磨海岸、現在の須磨水族館の近く。しかし、後者は間もなく売却を引っ込めてしまった。だが、どちらにしても、やがて不都合な場所になってしまった。というのは、5年後の1945年の空襲でこの辺り一帯が破壊されたのであった。また戦後は、酷く汚染され海水浴に適さなくなった（神戸の東西、全ての海岸が同様になった）。

他に良い物件がなかったので、深江の土地を購入した。日本政府の認可に適合させるためボートハウスの設計図は、変更を余儀なくされた。大変な苦労と努力の末、建設の許可を得た。1940年夏の終わり近く、いよいよこの土地がKR&ACのものになる準備が整った。わずかなメンバーが、ここへ海水浴に訪れていた。だが、ボートハウス使用直前に当局から通知が来た。それは、新しい航空機工場予定地の隣であり、立ち退けというものであった。こうして、1941年この建物を使用することなく売却せざるを得なかった。

この年の12月、戦争が始まった時、クラブはクラブハウスとその土地の法的権利ぐらいしか資産がない、というような不幸な状態であった。そのため、戦後のインフレが始まった結果、KR&ACは神戸の他のクラブよりも大変深刻な打撃を被った。

1941年12月　戦争勃発

困難な状況の拡大と迫りくる戦争を感じ取り、1940〜41年にかけて多数のメンバーが日本を離れた。1941（昭和16）年12月8日（日本時間）の戦争勃発に続いて、大半の連合国国民は日本当局によって強制収容されたり、刑務所に入れられた。そして、クラブは警察によって閉鎖された。およそ5週間後の1942年1月12日、日本と交戦状態にある国々の国民を除いて、「社会

一度も利用することなく1941年川西航空機に売却された深江のボートハウス
（『新建築』第17巻7より）

的活動の全面禁止、スポーツ活動に限る」という条件で活動が許可された。クラブは午前9時～午後7時30分の間オープンし、ラウンジの利用は、本・雑誌の読書、清涼飲料水（物不足の当時だが残っていた）だけに限られた。レクリエーション・グラウンドに面したバーは使用禁止だったが、その部屋からの試合観戦は許された。１９４２年の再開時、メンバーはわずか１１０人だった。１９４１年の委員の中で残っている唯二人のメンバーV・T・アラッツーン（V.T. Arratoon）とG・E・バーネット（G.E. Vernet）が、県庁から臨時にクラブ運営を委託された。１９４２年後半、県庁はオットー・ベアー（Otto Baer）を代表者に指名し、委員会は主として枢軸国のメンバーで占められた。

塩屋カントリー・クラブでの再開

（１９４５年8月、日本の降伏によって塩屋での再開を9月に予定した。だが、残念なことに台風が施設に甚大な被害を与えた。）被害を受けた塩屋クラブの施設は、不幸なことに当分の間、修理できそうでなかった。そこで委員会は、塩屋カントリー・クラブ「海の家」の使用許可を占領軍に訴えた。戦時中この「海の家」は、県庁が接収し一種の戦時庁舎として使用していた。この建物は、２階建て鉄筋コンクリートの本格的な物で地下室もあり、大英帝国の元将校アーネスト・W・ジェームス（Ernest W. James. O.B.E）の所有だった。彼は、この建物を塩屋カントリー・

クラブ用に特別に精巧な様式で建設し、海浜の活動拠点として提供していた。

アメリカ占領軍は「海の家」の使用を許可したので、メンバーたちは直ちに清掃に取りかかり、宿舎として使用された戦中の損傷を修理した。数週間、プロのような懸命の作業の後、1945（昭和20）年10月6日に、あの「海の家」でKR&ACの堂々たる再開が果たされた。物資欠乏時で苦労したが、クラブは幸運にも蓄音機を探し出し購入した。それは、パーティーが如何に大きな行事と見なされていたかを示している。

4年間の戦争の傷みで建物は粗末で見すぼらしく、スフ製の国防色の服を着た「ボーイさん」も重苦しい感じだった。またガラスコップが不足し、牛乳ビンなど有り合わせの器をビールジョッキの代りに使用した。にも拘わらずパーティーは楽しく、明るい時代を約束するような雰囲気であった。

加納町のクラブハウス返還が確実になるまで、KR&ACの活動は塩屋で続けなければならなかった。

クラブハウスの返還と改装

1946（昭和21）年以来、委員会はクラブハウスの返還とレクリエーション・グラウンドの使用を求めて飽くなき努力を重ねてきた。1951年の平和条約調印を念頭に置き、あらゆる方面からさらなる努力が続けられた。平和条約は、1951年9月8日サンフランシスコで調印された。しかし、クラブ財産の返還については、1952年4月18日に占領が終了される日まで何ら変化がなかった。1952年4月に関連省庁の手続きが終わり次第、クラブハウスが返還されるとの連絡を受けた。クラブは1952年6月12日、正式に返還され、やっと元の本拠地、いやその残骸に遂に戻ることが出来たのだった。1944年、日本軍に明け渡して以来およそ8年ぶりのことだった。

　クラブハウスが、KR&ACに返還されたのと同時期、アメリカ占領軍も日本政府にレクリエーション・グラウンドを返還した。

　1952年8月、クラブハウスの改装工事が始まった。そして12月には大半が完成し、大晦日のダンスパーティーも可能と思われた。しかし、正式パーティーは1953年2月14日、メンバー約300名と

改装なったKR&AC本館東面（1953年頃）

招待客とで行われた。

クラブは、再び元の本拠地に戻った。長いクラブの歴史の中で困難な時代が、また一つ終るかのように見えた。しかしながら、この先さらなる大問題が待ち受けていた。

由緒ある本拠地への帰還に伴い、従来のものに加え新しい活動が熱心に行われた。初期の頃、人気だったチェス・トーナメントが再開され、さらにはソフトボールやゴルフも加わり、ビンゴのような親睦活動も始まった。

※この内容は"Kobe Regatta & Athletic Club,The FIRST HUNDRED YEARS by HAROLD S. WILLIAMS"、H・ウィリアムス著、長谷川芙美子訳、髙木應光監修「KR&AC100年史」(神戸居留地研究会年報『居留地の窓』4号、2004年) から抜粋したものである。

第二部　ＫＲ＆ＡＣその後の50年
～「倶楽部誌」から見る活動と変遷～

呉　宏明

この章では戦後の１９５３（昭和28）年に発行された『ＫＲ＆ＡＣ倶楽部誌』（月刊）を手掛かりに、倶楽部の活動と変遷を追いながら、多様なスポーツ及び社交活動を中心にこの倶楽部の存在意義を考えてみたい。

『ＫＲ＆ＡＣ倶楽部誌』の発行

Ｈ・Ｓ・ウイリアムスの『ＫＲ＆ＡＣ　最初の１００年』には、倶楽部誌の発行について次のように述べられている。「1953年5月に創刊号が発行され、会員全員に無料で配布された。これは、倶楽部の歴史において全く最初の試みで、2、3人の限られた人々の多大な労力と熱意にゆだねられているが、発行当初から会員の評判は良いものであった。」

初代の編集者はG・M・サーモン（Salmon）である。彼は「創刊の辞」で、冊子発行の目的と方針を述べている。「雑誌の編集方針としては倶楽部に関する情報、意見および批評を掲載することが目的である。情報の内容はクラブで行われるスポーツの活動および行事の記録である。多様な意見はクラブの会員から広く求められ、また倶楽部に対する批判や苦情は歓迎するが、建設的なものが望ましい。」

KOBE REGATTA
and
ATHLETIC CLUB
MAGAZINE
MAY
1953
No. 1

『ＫＲ＆ＡＣ倶楽部誌』創刊号の表紙
（1953年5月号）

また、「この雑誌はまるで赤ん坊が生まれて来たようなもので、健全に育ってほしいことを望み、歯が生え変わる時期があるように、読者は我慢をして寛容に赤ん坊が両足で立って歩けるようになるまで見守ってほしい」

と言う（『倶楽部誌』１９５３年5月号）。

１９５3年の12月には、サーモンは日本を離れることになり、R・E・カニング（Canning）が後任となる。しかし、まもなくジョージ・E・マーシャル（George E. Marshall）が引き継ぐことになり、30年以上にわたって彼が中心となり編集者となる。創刊当初から、エンバー・O・スタコウ（Enver O. Starkow）が経理や副編集者として協力し、また写真はA・M・ジャーメイン（Jarmain）の担当であった。『倶楽部誌』は月刊の発行で、毎号４５０部が印刷され、倶楽部の全会員を始め神戸の外国人クラブや外国関連機関、および海外に住む元会員の希望者に配布された。

『倶楽部誌』の記事の内容構成としては、まず「編集者からの言葉」（Editorial）から始まる。時節の挨拶、行事の紹介、クラブの施設に関する問題と改善、横浜カントリー・アンド・アスレチック倶楽部との交流試合（Interport Matches）、当クラブの各スポーツ部門の報告がある。これ以外には、会員の動向として、出産、結婚、高校の卒業、事故・病気、会員の移動、死亡欄がもれなく記載されている。また、重要な報告として毎年5月に開かれる倶楽部の年次総会（Annual General Meeting）に先立って、「年次報告書」が別冊として発行されるが、これも編集者の仕事である。ここには、会員数の動向、経営報告、各種スポーツ部門の詳細な報告、各種行事等が記録される。また、年次総会において、会長をはじめとする役員の改選が行われる。重要な議題としては「倶楽部の規約」の改正として、会員の取り決めや、会費の変更、及び、倶楽部運営にあたる改善が取り上げられる。「編集者からの言葉」や1980年頃からは「会長のコメント・挨拶」が加えられていくが、これらを通して読んでいくと倶楽部の実態および神戸における外国人コミュニティーとの結びつきが凝縮された形で明らかになる。

神戸の外国人コミュニティーとのつながり

この倶楽部には名誉会員が約20人から30人ほど在籍するが、関西の外国領事、インターナショナルスクールの校長・教員、神戸市の関係者からなり、外国人のネットワーク作りに貢献している。また、神戸には多様な宗教施設がある。イスラム教のモスク、ユダヤ教のシナゴーグ、中国の寺院、ロシア正教の教会、プロテスタント・カトリックの教会等があり、結婚式やお葬式に用いられている。また、神戸で亡くなった外国人は修法ヶ原の外国人墓地に眠る。また国際病院（海星病院と呼ばれる）があり、外国人の医師が神戸市内でクリニックを開いている。こういった外国人が神戸で暮らすうえで必要不可決な施設や人的つながりが集約されている場所が神戸レガッタ・アンド・アスレチック倶楽部であり、その存在意義は外国人にとって、また神戸市にとって貴重な位置を占めている。それが150年も続くことは驚きであると言えよう。

倶楽部誌には本倶楽部のことだけではなく、神戸外国倶楽部、塩屋カントリークラブとの交流および行事案内、1889年に創設された外国人居留地協議会を継承するインターナショナル・

コミッティー・オブ・関西（関西在住の外国人の支援組織）、ＣＨＩＣ（Community House and Information Center）という外国人の生活・文化を支える情報・活動機関、国際病院の献血活動と募金活動などの案内が常に掲載されている。また、この倶楽部を拠点にボーイスカウトの活動が毎週土曜日行われている。１９６４年からフィル・カンパネラ（Phil Campanella）によって始められたが、11歳から18歳までの外国人学校に通う生徒たちが対象で、20カ国にわたる57人が参加している。（１９７２年2月号）

倶楽部の活動内容と交流

倶楽部の「規約」には、「この倶楽部の目的はスポーツ活動を推進し、健全な身体を作り、社交の場を楽しむ」とある。ＫＲ＆ＡＣのクラブ名にレガッタのRが含まれているように、創設当初はボートレース、水泳、水球が盛んで、Ａは Athletics（陸上競技）を表わし、各種レースや、棒高跳び、幅跳び等が盛んであった。現在の磯上公園に移転後は活動の内容が若干変更されているが、移転後は体育館ができ、バドミントン、バスケットボール、フットサルが盛んで、公園内の広場では、ホッケー、クリケット、ソフトボール、ラグビー、サッカーが行われ、隣接したコートではテニスが繰り広げられた。室内の娯楽としては、ビリヤード、ダーツ、チェス、ブリッジ、バルートが楽しまれた。

倶楽部誌には、神戸及び関西の高校、大学、企業、また、以前は神戸港に来航する船舶の乗組員との試合が行われたことなど、試合の状況や結果が詳しく報告されている。ＫＲ＆ＡＣの外国人メンバーとの実践を通じ、日本の高校・大学のラグビー、サッカー、クリケット、ホッケー、テニスのレベルは格段と高まったのである。特に女子のホッケーでは大阪の羽衣学園高校、中学校の生徒がＫＲ＆ＡＣのチームに勝利している。（１９７４年3月号）

特筆すべきは横浜カントリー・アンド・アスレチック倶楽部との交流である。最初のインターポートは横浜におけるボートレースで、ＫＲ＆ＡＣのメンバーは神戸から船で横浜まで行った。創始者のアレキサンダー・シムもそのメンバーの一人であった。戦後もインターポートが続き、野球、テニス（男女）、ソフトボール（男女）、ローンボウリング、ホッケー、サッカー、ラグビー、バスケットボール、ビリヤード、ダーツがとりおこなわれた。ＫＲ＆ＡＣが、磯上公園に移ってからのインターポートを見ると１９６３年の春の結果では、ホッケー（男女）、サッカー（2チーム）、バドミントンではＫＲ＆ＡＣが勝者となり、野球とラグビーでは横浜が勝っている。秋の試合では、クリケットで2試合ともＫＲ＆ＡＣが負け、テニスも負け、野球では3試合中１勝１敗１引き分けであった（１９６３年4月号、11月号）。

スポーツ以外のイベントも倶楽部の重要な要素であった。ＫＲ＆ＡＣの特色としては、神戸の外国人コミュニティーの場として貴重な役割を果たしているが、女性と子どもたちも参加できる活動の場でもあった。女子のメンバーは、多くの行事の準備や進行を担っていた。また、子どもたちの楽しみとしては、淡路への船での日帰り旅行、家族スポーツ大会、盆踊り、そして毎年行われるクリスマスパーティーがある。特にクリスマスパーティーは、係り担当の委員が準備を重ね、時には手品師、自転車曲芸師等を呼び、子ども向けの映画を上映し、食事を楽しみ、サンタクロースが一人ずつプレゼントを渡した。約１００人から１５０人の参加があったが、神戸の児童施設ボーイズ・タウンから25人の児童が招待され、また、参加者は神戸クラブや塩屋カントリー倶楽部の会員の子どもたちにも呼びかけられた。

地域住民との交流も大切にされた。最初は１９７８年に阪神ライオンズ・クラブとの共催で行われ、入場料は無料で、多くの日本人と外国人が集まった。ライオンズの婦人部の方々が外国人に浴衣を着せ、踊りを教え、また焼き鳥やおでんなどの屋台、金魚すくい、ゲーム、くじ引きなど多彩なイベントで盛り上げた。この交流は、阪神・淡路大震災前まで毎年続けられた。

KR&ACの移転をめぐって

本来は神戸市役所を含む南側一帯の東遊園地にあったＫＲ＆ＡＣのクラブハウスとレクリエーション・グラウンドが、神戸市役所の建設及び道路を拡張するという都市計画によって移転を迫られたのである。神戸市は１２００万円の予算を組み、現所在地のレクリエーション・グラウンド南側に移るか、また他の場所にて新築することを決めたのである。神戸市の提案は税関通り

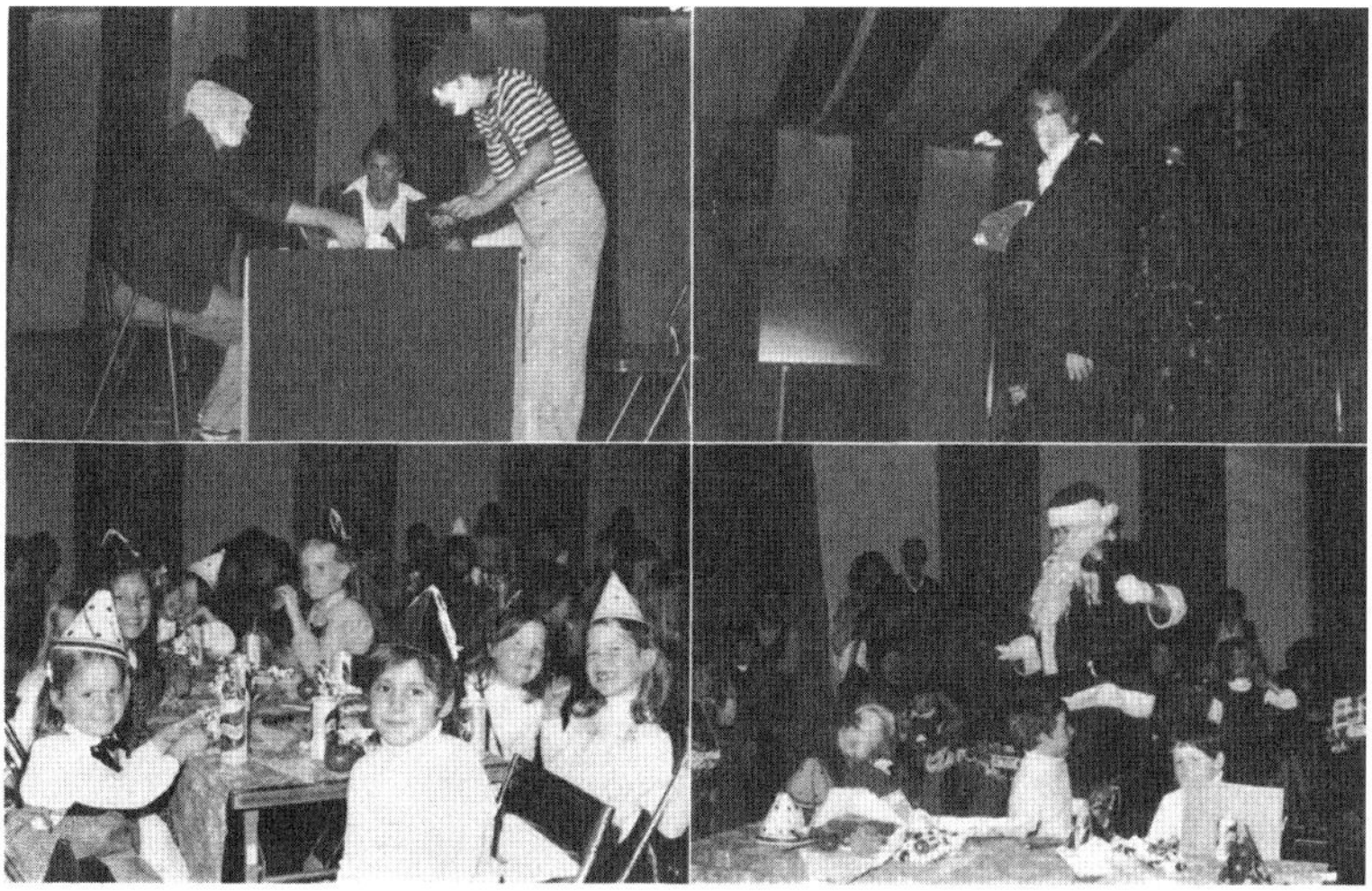

PHOTOS TAKEN AT THE CHILDREN'S XMAS PARTY by Tommy Monsen

子どものためのクリスマスパーティー（1980 年 1 月号）

Kobe Fire Brigade Brass Band

Bon Odori dancers

MILO anyone?

Starting young!

盆踊り（1986 年 9 月号）

の拡張とグラウンドの一部を削減することにより、テニスコートに隣接した土地に移転するというものであった。元来、レクリエーション・グラウンドは日本人と外国人の共同のレクリエーションを目的として、1875年に永代借地として日本国政府と契約が結ばれたにもかかわらず、使用料が求められたのである。戦時中の空襲によって、重要資料が焼失したこともあり、土地の借地権に関して法的根拠が不十分で、神戸市の管理下にあるKR&ACの敷地に固執するのではなく、補償金を最大限獲得することを優先したのである。

神戸市との交渉はこのような状況の中で長引き、難航した。神戸市によって進められた当初の建設会社では満足できず、倶楽部の建設委員会は戸田建設を選んだ。神戸市は新たに補助金を2701万円と決めたが、実質的な建設費は5360万円となり、差額はKR&ACが負担

東遊園地にある移転前の建物（1962年1月号）

建設中の倶楽部（1962 年 5 月号）

することとなった。クラブの保有する財源で十分賄える額だったが、当倶楽部の財政状況を圧迫することになった。１９６１年12月27日の臨時総会において建設委員会の提案をめぐって議論された結果、賛成多数で結局建設案は通過した。その後、この計画案は早急に進められ、6月30日完成予定となった。そして7月7日、新築祝いの式典が、神道による儀式で行われ、70名が参加した。当時の会長はＳ・Ｂ・ゴール（Gall）氏であった。

新しい施設には、体育館と2階ホールを新設、食堂には空調が取り入れられ、4面のテニスコートとグラウンドを隣接、ビリヤード、ダーツ、チェス等が楽しめる娯楽室も設置された。また図書室と広い駐車場も完備された。移転後のクラブの会員数を見ると、１９６２年3月には４４３名、翌１９６３年3月には

４７２名と29名増加している。

磯上公園への倶楽部の移転はいつごろから考えられたのであろうか。興味深い無記名の会員からの投稿が、移転の２年ほど前の１９５９年９月の倶楽部誌に見られる。「ＫＲ＆ＡＣは神戸における唯一の外国人のためのスポーツ倶楽部で、神戸の人々とスポーツの交流を活発に行ってきた。会費も他の神戸の外国人倶楽部よりも低く抑えられ、若い世代も加入している。グラウンドの試合が観戦できるレストランやバーがあり、観客席を伴う体育館、室内プール、空調が備わった施設が新しい倶楽部に備えられることが私の夢である」と書かれている。プールは１００周年記念事業として屋外に建設が計画され、神戸市の許可を得ることができたが、結局は実現しなかった。しかし、その他の「夢」はすべて実現したのである。

神道の式典、新倶楽部建設完成祝い（1962年8月号）

100周年記念行事

1968年3月の倶楽部誌の「編集者の言葉」には、1970年に100周年を迎えることが記されており、倶楽部の記録をまとめるために会員に協力を呼びかけている。また、1969年6月には、「100周年記念誌」の発行にむけて、会員から資料、写真等の提供を求めている。1970年1月の倶楽部誌では、色々な困難を乗り越えて存続した倶楽部が100周年を迎えるにあたって、具体的に委員会が計画を立ててほしいと要望を述べている。

100周年を迎えるにあたって象徴的な事業は、KR&ACの歴史の執筆をハロルド・S・ウイリアムス氏に依頼することであった。ウイリアムス氏はオーストラリア出身の実業家であり、また歴史家でもある。倶楽部誌に定期的にクラブにまつわる話や、物故者の紹介を常時執筆している。彼はオーストラリアのメルボルンで1898年に生まれた。医学を目指していたが、日本語および日本史の歴史に興味があり、1919年に観光を目的に初訪日し、そこで外国商社の一員として雇われることになった。1941年にはオーストラリア軍に入隊し、戦争終結後日本に戻り、アメリカ駐留軍の仕事に関わり、マッカーサーの日本の事情や経済に関する相談役となった。1949年には、キャメロン商会（Cameron & Co., Ltd.）に勤め、1952年にはジェームス山 Estate の管理人となる。彼は、日本における外国人居留地に関する多くの著書を表わしている。代表的なものは、『日本における外国人居留地物語』（Tales of the Foreign

AERIAL VIEW OF KOBE REGATTA & ATHLETIC CLUB
Clubhouse, Tennis courts & playing field.

MAGAZINE

SEPTEMBER 1970

VOL. 18 No. 9
Port P. O. Box No, 800,
KOBE

Telephone Nos.
(23) 2271
(23) 2272

『ＫＲ＆ＡＣ倶楽部誌』100周年記念誌の表紙（1970年9月号）

Settlements in Japan)、１９５８年、「西日本におけるホルム・リンガー物語」（The Story of Holme Ringer & Co.Ltd. in Western Japan 1868–1968)、１９６８年である。ウイリアムス氏は１９２０年代にＫＲ＆ＡＣの会員になり、ボート、水泳、水球、ラグビー、ホッケー、バドミントンを楽しんだが、当倶楽部の運営にも関わった。ウイリアムス氏は１９８７年1月15日に塩屋で亡くなるが、彼の収集した日本における外国人に関する資料や写真等は全てキャンベラにあるオーストラリア国立図書館に寄贈されている。

　１００周年記念行事としては、まず、ラグビーチームが香港に遠征し、行事の資金集めに一役買うことになる。１９７０年9月23日、１００周年創立記念式典は、再度公園内の外国人墓地に眠る倶楽部の創始者、アレキサンダー・キャメロン・シムの墓前で行われた。雨の中、25名が参加し、Rev. Guellier がお祈りを捧げ、会長のフィリップ・カンパネラ氏が締めくくりの挨拶をした。

100周年記念式典（1970年10月号）

Parent & Child 3 - legged Race

Obstacle Race

Tug - of - War.

Sack Race

100 周年記念「家族運動会」（1970 年 12 月号）

その後、正式な100周年記念行事が11月21日から23日まで行われた。初日には、自動車ラリー（20キロと31キロ）、翌日は家族運動会が開かれた。サッカーの模範試合、陸上競技、子どもたちのゲーム、二人三脚、障害物競走、綱引き、麻袋に入っての競走、玉子をスプーンに入れて走る競走等が行われた。

最終日には100周年記念のパーティーが開催され、宮崎辰雄神戸市長も出席した。その祝賀スピーチは次のようなものであった。「この倶楽部は24カ国を代表する400名以上の方々からなっていると聞いております。このような多国籍からなる、倶楽部の活動は港湾都市神戸にとって魅力的で活発な街を創るうえで、貴重な存在であると思います。神戸市民が外国の方々と友好的な関係を結ぶことを願い、またこの倶楽部が末永く存続し、繁栄することを望んでおります。」宮崎辰雄氏はKR&ACが移転する当時は助役であったが、移転に関してとても協力的であり、その後も倶楽部に対しては全面的に支えてくれている。

100周年を記念して、ハロルド・ウイリアムス著の『KR&AC 最初の100年』は1971年の1月に発行され、会員全員に届けられたのである。10年後の1980年には売り切れとなり、再版の可能性が検討されることになった。

KR&ACに関わった人々

倶楽部誌には、子どもの誕生、婚約・結婚、高校の卒業、事故や入院、神戸を去る会員のさよならパーティーなど様々な人生模様が描かれているが、中でも亡くなった会員を偲んでその人となりを紹介する「死亡記事」（Obituary）のコラムは、単なる死亡記事ではなく、神戸に長く住んだ外国人が如何に神戸および日本に関わったのかがわかる貴重な記録となっている。全員を紹介することは出来ないが、ここでは7人を選んで紹介したい。

①エドワード・ボッケル（Edward Boeckl）1885～1961

ボッケル氏は１８８５年にドイツでクリスマスの日に生まれた。神戸に１９０９年に来るが、一旦帰国し、再度来日。エミール・ブランスティンと結婚、そして4人の子どもを授かる。ボッケル氏は神戸でアイス・スケート・リンクを開設し、「マジカル・マッチ」という映画の器具を輸入する。彼はトア・ホテルの支配人を数年するが、後セントラル・ホテルを購入し経営することになった。それから１９２６年は、船舶の食料品を納入する会社を立ち上げるが、特に神戸ビーフやその他の食品の保存と加工に力を入れる。ソーセージやハムなどのデリカテッセンの製造方法に多大な影響を与えた。ボッケル氏は１９４４年12月14日にKR&ACに入会し、水泳、ビリヤード、チェス、ジン・ラミーを楽しみ、またマンドリンの演奏も得意であった。

②ファニー・エバンス（Fanny Evans）

KR&ACの会員になったのは、1954年12月8日で、特にビンゴを楽しんだ。神戸において彼女は社会奉仕事業に多くの時間を費やした。特に1937年から1941年まで、ユダヤ人難民が神戸に滞在したときに援助活動を熱心に行った。彼女は誰にも優しく、500人以上の人々が神戸中山手のカソリック教会での葬儀に参加した。再度公園内の神戸市立外国人墓地に埋葬されている。夫はサム・エバンス、娘のミリーはフィル・カンパネラに嫁いだ。

③ジョーイ・エビラ (Joey Ebira) 1896～1974

ジョーイは1896年に神戸で生まれた。父親のL・D・アブラハム（Abraham）は、英国出身の貿易商であった。ジョーイは神戸の English Mission School を卒業し、英国の Dulwich College に学び、そこでラグビーと出合う。神戸に戻り、兄弟のベニーとKR&ACでラグビーに没頭する。野球、クリケット、サッカーの選手でもあった。後年にはゴルフを楽しむ。KR&ACには、1915年1月1日から会員となり、60年間クラブに関わった。父の会社に入社し、戦後は商事会社にて勤務する。神戸ユニオン教会にて葬儀が行われ、神戸市立外国人墓地に眠る。

④エンバー・O・スタコウ (Enver O.Starkow)

1978年4月22日没。神戸ムスリム・モスクにて葬儀が行われ、修法ヶ原外国人墓地に眠る。スタコウ氏はトルコ出身で、KR&ACの会長、副会長、各種委員等の役職を長年にわたって務め、倶楽部の運営・維持に関して多大な功績を残す。倶楽部誌の創刊当時から、経理や副編集長として雑誌の発行を継続的に支えてきた。第2次世界大戦後のクラブ再開においても多くの労力を注いできた。倶楽部誌のクリスマス号に毎年掲載されるクリスマス時期の寄付者の特別ページは彼の発案である。彼は神戸の外国人コミュニティーのための活動には特に積極的で、ＫＲ＆ＡＣ、神戸外国倶楽部、神戸ムスリム・モスクなどの団体組織の運営に深くかかわっていた。ＫＲ＆ＡＣのクラブハウスの周囲に植えられているアザレアの花はスタコウ氏を偲んで植えられたものである。

⑤エウェル・スレード（Ewell William Slade）1895 ~ 1986

１９８０年3月23日没。84歳であった。１８９５年に神戸外国人居留地にてアメリカ人の両親のもとに生まれる。神戸ヒューズ・スクール（後の English Mission School）に学ぶ。そして、アメリカの大学を卒業するが在学中ニューヨークのアマチュアの大きな水泳大会に参加して好成績を修める。１９１６年に日本に戻り、イギリスの貿易商社ストロング商会・神戸支店に勤務する。そして、数年後、彼は総支配人に昇任する。帰国後、すぐにＫＲ＆ＡＣの会員となり、ＫＲ＆ＡＣの施設である敏馬ボートハウスのプールで、日本最初のクロール泳法を日本人に伝授する。かれは野球やテニスが得意で、横浜におけるインターポートの試合でも活躍した。戦争の激化により、１９４１年にアメリカ合衆国に帰国した。スレード氏は優れたスポーツマンであると同時に事業で成功したビジネスマンであった。

⑥ジョセフ・クレーン（Joseph Earnest Crane）1892 ~ 1980

横浜にて１８９２年5月27日に生まれる。父は英国出身のエンジニア、ウイリアム・クレーン

（William Almeida Crane）。彼はSt. Joseph College（高校）を卒業。その後、神戸に移り、KR&ACに加入する。サッカー、ホッケー、ラグビー、バスケットボール、テニス、ビリヤード、ゴルフを楽しむ。英国陸軍に入隊し、第1次世界大戦後、日本に戻る。神戸の英国商社Peter Fraze & Co. に入社する。45年間商社に勤めるが、後半の人生はゴルフ場設計をライフワークとする。西宮高原ゴルフ倶楽部のコース設計から始まり、千刈カンツリー（兵庫県三田市）、三好カントリー（愛知県）、こんぴらレイクサイド（香川県）等、計30のゴルフコースを設計する。International Committee of Kansai に25年間加入し、KR&ACの各種委員を長く務めた。神戸ユニオン教会にて、葬儀が行われ、神戸市立外国人墓地に眠る。

⑦ハンズ・ラジュ（Hans Raj）

1982年4月25日没。82歳であった。英国領インドのパンジャブ（現在のパキスタン）にて生まれる。英国の統治に抵抗する運動に関わり、インドを離れざるを得ない状況になり、中国の上海を目指す。そこで布地店に仕事を見つけ、独学で英語を学ぶ。神戸に1923年1月1日に到着。神戸ではジャーナリストとしてThe Japan Chronicle, Osaka Mainichi, Japan Times and Mail の記者として活躍。また、神戸のトア・ロードに古書店を開き、商社にても働く。彼は神戸にてインドの独立運動に関わるが、戦時中は数カ月間日本当局によって拘束された。戦後、アメリカ駐留軍のGIの成人教育事業の一環として、心理学の講師を務める。また戦後、貿易会社聯合トレーディング・カンパニーを設立した。日本人女性、橋本きよと1945年に結婚し、二女（リタとニーナ）を儲ける。ラジュ氏はユメコ・ラジュ基金（Yumeko Raj Endowment Fund）を創設し、インドにおいて女子で医学部を目指す経済的、社会的に不利な学生に奨学金基金を設置した。また彼の所蔵するウルド語の書籍をすべて大阪外国語大学図書館に寄贈した。

以上、倶楽部誌に掲載された「死亡記事」から、7人を選んだが、倶楽部の会員が如何に神戸の外国人コミュニティー、そして外国の文化を日本に紹介したかということが分かる。

最初のボッケル氏はホテル業、食品加工業において、神戸で功績を残しており、エバンスさんは神戸におけるユダヤ人難民の援助活動を中心とする社会活動に熱心であった。スレード氏は日本にクロール泳法を紹介した人物で、エビラ氏はラグビーを通じて日本人のチームと多くの試合をしている。クレーン氏はゴルフコースを日本各地に設計したと言う実績がある。スタコウ氏はムスリム・モスクの会長を勤めるなど神戸の外国人社交団体の要職に就いた人である。また、ラジュ氏はジャーナリストとして活躍、インドの独立運動に関わり、また日本の大学にウルド語の本を多数寄贈している。倶楽部に属していた会員は様々な国の出身者からなるが、それぞれが神戸に住むことによって神戸市民と関わり、また経済、社会、文化面でも外国文化を多様な形で日本に紹介するという影響を与えたのである。

倶楽部運営の展望──国際的な交流の場として

1953年から1987年までの『倶楽部誌』が、1年ごとにまとめられたものが製本された状態で当クラブに保管されている。ただ、残念ながら3年分は欠号となっている。30数年の雑誌を手掛かりにKR&ACの活動と変遷を見てきたが、最も活発な時期は1962年の倶楽部の移転後から1980年代中頃までであろう。会員数を見てみると1962年には443名であったが、100周年記念を迎えた1970年には540名と約100名増加している。会員数の最も多い時期は1976年と翌1977年で、586名に達している。しかし、1980年には521名と若干減少し、1986年には444名、翌年は415名と会員数の減少に拍車がかかっている。これは神戸において、外国人人口の減少傾向が見られ、神戸外国人倶楽部と合併する案も浮上している。

会員数の減少だけではなく、物価の上昇、及び人件費の高騰等が経営を圧迫しているが、1978年3月の時点では、倶楽部のスタッフは20名からなるが、これ以降経費節減のためスタッフの人員削減が実行されていく。この中には、マネージャー1人、副マネージャー1人、会計1人、事務員2人、バーテンダー3人、コック3人。ウェイトレス2人、ロッカールーム係2名、ボイラーマン2人、テニスコートの整備員2人、夜警1人とある。会員数は581名で、会費納入者は486人で会費収入は約3200万円である。

現在では会員数は減少しており、如何に会員数を増やし、また施設も移転後60年近くたっており、修理とリノベーションが必要となっている。現理事長の三木谷研一氏のもと、多くの試みが計画されており、150周年を迎えるにあたり、KR&ACの貴重な歴史と遺産を継承していかねばならない。KR&ACのアドバイザーとして、神戸における経済・政治、その他各分野から約40名の方々に顧問を引き受けていただいた。また、魅力的な「入会案内」のパンフレットを作製し、新会員を勧誘するプロジェクトも立ち上げている。神戸レガッタ・アンド・アスレチック倶楽部がである。150年続いたことは神戸の誇りであり宝物である。この倶楽部がこれからも存続し、外国人と神戸市民が交わる貴重な場として大切にしていかなければならない。

創刊10周年のお祝いパーティーにて、編集者のジョージ・マーシャル氏(1965年7月号)

倶楽部誌についてさらに述べると、１９５３年5月から１９８０年代末まで30年以上にわたって、ジョージ・マーシャル氏が編集者として、毎月の発行を続けてきた。これは途方もないことである。マーシャル氏以降にも倶楽部誌はアラン・ギブソン（Alan Gibson）氏等によって継続発行されている。

マーシャル氏は自分の仕事以外に膨大な時間と労力を無償でこの倶楽部のために継続して費やしてきたが、この熱意はどこから来るのであろうか。クラブの運営にはマネージャーや事務スタッフがいるが、スポーツの活動や組織運営は、会長、副会長、事務局長、会計及び数名の運営委員が中心になり、各種委員会により、レストランの運営、建物・施設の管理と改善、すべてを会員がボランティアとしてそれぞれの役割を担っているのである。

倶楽部誌の巻頭には役員、各種委員の名前が網羅されている。これは、自主的に運営に関わり、それを楽しむことによって、各メンバーがスポーツと娯楽、そして食事やパーティー等の行事を通じて、神戸に住む外国人の社交の中心となり、また神戸市民とのスポーツや盆踊りの行事を通じて交流がなされるのである。従事する仕事から離れ、宗教、政治、国籍を越えて神戸在住の外国人がいつでも集まれる心のよりどころとなる場がこの倶楽部なのである。神戸市の理解と協力のもと、神戸市民にも広く開かれた、国際都市神戸にふさわしい交流の場としてこれからも存続して行くことを願っている。

二人の創設者

1．創設者A・C・シムの功績

髙木 應光

はじめに

神戸レガッタ・アンド・アスレチック倶楽部（KR&AC）の創設者Alexander Cameron Sim（A・C・シム）の人となり等については、既に「KR&AC誕生から100年」に詳しく記されている。ここではA・C・シムの功績について述べることとする。

シムは1840年8月28日スコットランド内陸の寒村アバルーで生を受け、幼くして東海岸のアバディーンに移った。長崎の政商T・グラバーとは同郷、同年代で、顔見知りであったと考えられる。シムは若くしてロンドンに出て、22歳で王立ロンドン病院に薬剤師として職を得た。やがて上司の雄飛に刺激を受けたのか、4年後この病院を辞し中国へ向かった。そして香港、上海をへて1870（明治3）年6月、開港3年目の神戸に第一歩を印した。それは、上海レウェリン商会の「メディカル・ホール」神戸支店開設のためだった。早速、季節の飲料水（ソーダ水、レモネード、ミネラルウォーター等）の広告を英字紙に掲載している。その後、支店を引継ぎ、やがてA・C・シム商会として独立。薬剤師の資格を活かして医薬品・石鹸・香水・清涼飲料などを輸入・販売し、ビジネスを展開した。中でも特筆されるのは、ラムネ（レモネードが訛った）の製造・販売である。

以下、シムの功績を4つの分野（KR&ACの創設、商業ルールの確立、居留地の自治、ボランティア活動）にわたって記す。

神戸レガッタ・アンド・アスレチック倶楽部の創設

シムは、神戸に来てわずか3カ月でKR&ACを創設した。ところで今日のスポーツ・クラブは、営利目的の株式会社で本来のクラブではない。シムは、多くの賛同者から多額の資金を拠出させ施設・設備を造り、会議を重ね会則をつくり、クラブを立上げた。即ち本来の「会員の、会員による、会員のためのクラブ」を創ったのである。

A・C・シム

ところで、一つの疑問が浮かぶ。ある日、何処からかやって来たシムの呼びかけに、なぜ多くの人々が、すんなりと応え多額の資金を出したのだろうか。それは、シムが「スポーツマン」だったからに他ならない。

19世紀後半、英国における教育思潮は、スポーツによる人格形成、ジェントルマン育成（「アスレティシズム」と呼んだ）であった。当時スポーツが可能な人々は、経済的にも時間的にも充分に余裕のある階級、即ち上・中流階級だった。つまり「スポーツマン」は、英国で理想的人物像とされた「ジェントルマン」と同義語だったのである。既に香港・上海で「スポーツマン」として名声の高かったシムの呼びかけに、多くの人々が賛同したのは当然のことだった。こうして1870年9月23日、KR&ACが正式に創立をみた。

KR&AC初のイベントは、この年の12月24日クリスマスに開催された「ボート・ハウス&ジム竣工記念レガッタ」（クリスマス・レガッタ）だった。翌1871年4月には、もう一つの看板スポーツ、「アスレチック・スポーツ」（陸上競技会）を競馬場（生田神社東隣り）で開催した。秋10月には横浜へ遠征し、レガッタ及びアスレチック競技会に参加し好成績を収めた。これが後にKR&AC最大の行事、「インターポート・マッチ」の始まりだった。

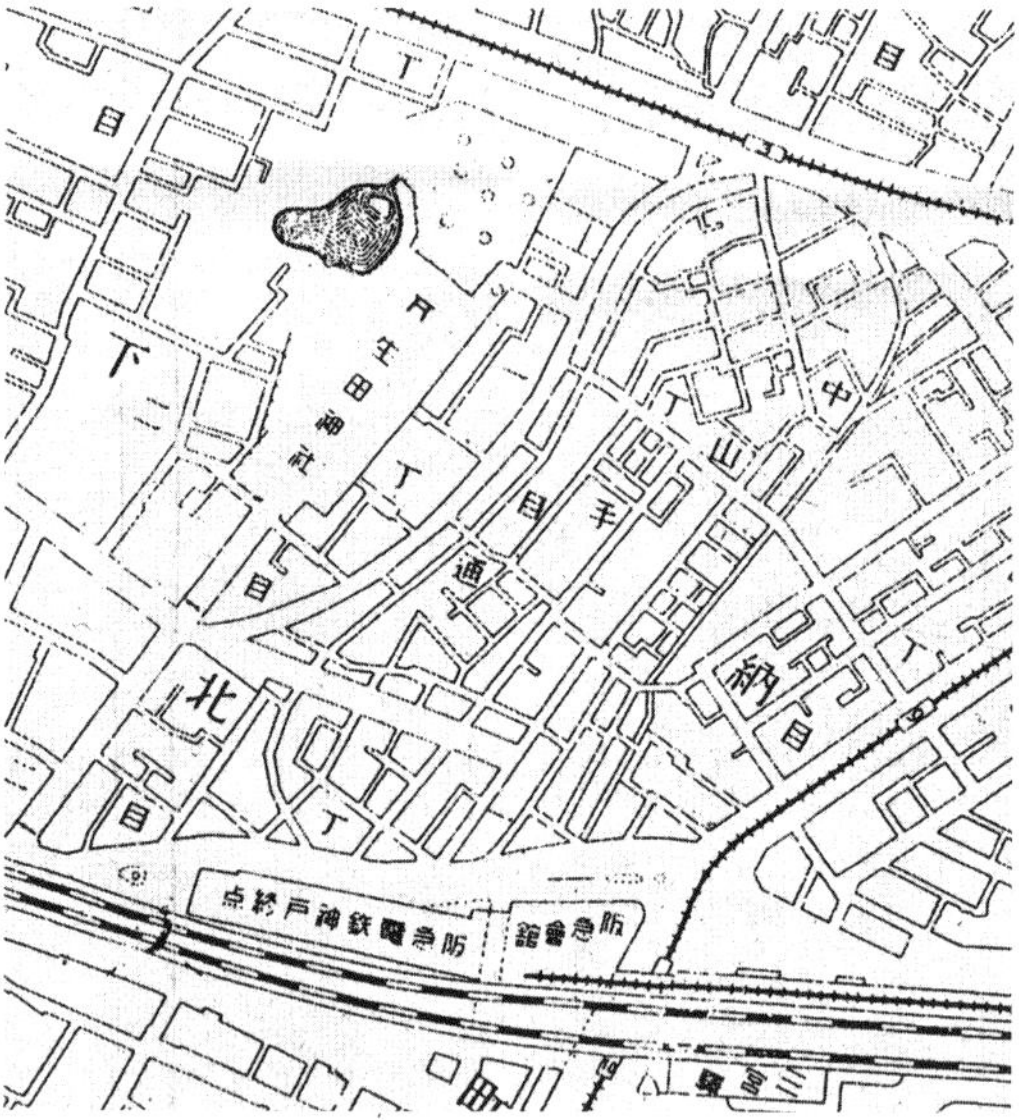

生田神社東側：繭形（まゆがた）にカーブした競馬場走路跡が分かる（1937年 1:5000 三宮）

「スポーツマン」即ち「ジェントルマン」とされた時代だが、それは個人の資質ではなく、その人物が評価の高いスポーツ・クラブの会員であるからこそであった。つまり、彼らは庶民的なパブではなくスポーツ・クラブで、ジェントルマンとしての資質を磨いたのだった。

A・C・シムは「スポーツへは、純粋に取組むべきであり、姑息なことや卑しい行為は慎むべきである」と、いつもメンバーに笑顔で教えた。こうしてKR&ACは神戸で、関西で、最高のコミュニケーションの、そしてスポーツの場となった。

商業ルールの確立

A・C・シムは薬剤師の資格を活かし、1882年頃から本格的にラムネの製造・販売を行った。当時、伝染病コレラが何年かおきに流行し、80%もの死亡率が人々を恐怖に陥れた。新聞が「瓦斯を含有した飲料水を飲むと恐るべきコレラ病にかかる事なし」等と書き立てたので、ラムネは爆発的に売れた。一方、A・C・シム商会が直輸入する「虎列剌《コレラ》病之薬剤」が、よく効くとこれまた新聞紙上を賑わした。この薬の販売と相まって、A・C・シム商会の「ラムネ18番」は爆発的な人気を得た。当然、「18番末広商会」「支那商18番」などニセモノも多量に出回った。

シムのラムネは、他業者の3倍もの高値ではあったが美味しかった。日本の商習慣と異なり、小売商が直接買付に来ても卸値以下で売ることはなかった。すなわち、製造→卸問屋→小売店→消費者という販売ルートの確立に努めたわけである。また販売は委託販売方式（売れた分だけ集金）で、飲料水業界では明治このかたA・C・シム商会方式を踏襲している。なお今日、外資系も全く同様の方式である。

シムは、未だ適切な近代商法もなかった神戸に、関西に、ルールに則った商行為、言い換えればフェアな商業活動を根付かせようとしたのだった。

居留地の自治

KR&ACの活動目的は単にスポーツだけでなく、社会的な活動も含まれていた。それは、Noblesse Oblige ノブレス・オブリージュ。すなわち、時代をリードするジェントルマンたちによる社会貢献、それは責務でもあった。具体的には、市民的自治活動への参画とボランティア活動であった。

居留地は日本の主権の及ばない区域で、「神戸の中の外国」だった。言い換えれば居留地は、欧米人たち自身で自治を展開しなければならないエリアであった。横浜や長崎など他の居留地が、次々と自治権を放棄していく中にあって、独り神戸だけが約30年もの間、なぜ自治を守り得たのだろうか。

先ず挙げられるのは、「居留地会議」。この立法組織のメンバー構成は、各国領事と居留住民代

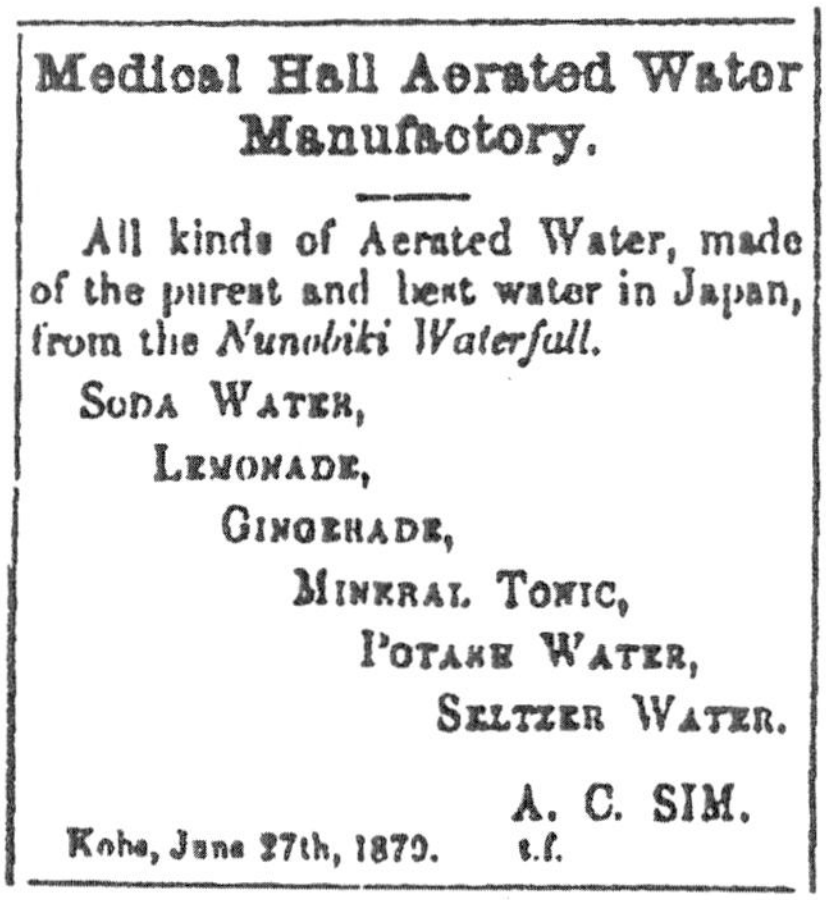

Medical Hall Aerated Water Manufactory.
All kinds of Aerated Water, made of the purest and best water in Japan, from the *Nunobiki Waterfall.*
SODA WATER,
LEMONADE,
GINGERADE,
MINERAL TONIC,
POTASH WATER,
SELTZER WATER.
A. C. SIM.
Kobe, June 27th, 1870.

A・C・シムが製造する清涼飲料水の広告
（1870年6月27日付の英字新聞）

表3名、そして県知事の三者が同等の権限を持ち、互いに抑制しあいバランスを保って運営された。このメンバー構成は、世界各地の租界・居留地にあっても特異な存在だった。一方、税金納入以外の規則はなく、あらゆる事項について民主的に話しあい結論を得ていた。A・C・シムは、この居留地会議の住民代表の一人であり、永年にわたり副議長を務めた。

居留地38番（現大丸南館）に「行事局」を置き、行政権を委ねた。警察、消防はもちろん、街路、下水道、街灯、散水、公園、グラウンド等の維持管理もその任務だった。行届いた管理は、やがて「東洋一の居留地」とまで呼ばれるようになった。

行事局：局舎は居留地38番（現大丸南館）に置かれた（神戸市文書館提供）

1899（明治32）年7月、不平等条約の解消と共に「神戸居留地も自治も」終りを迎えた。神戸は開港の1868年から居留地返還の1899年まで「自治」を貫いたのだった。その背景にあるのは、シムがリードしたKR&ACが、居留地コミュニティーのセンター役を担ったからと言えるだろう。

しかし、欧米人たちは「東洋一」と言われた神戸居留地の行く末を心配した。中でも東遊園と外国人墓地のことだった。遊園地保護委員会（後関西国際委員会）が設けられ、神戸市と共に東遊園地及び外国人墓地の維持管理の向上に努めた。お陰で東遊園地グラウンドは、その後も「スポーツのメッカ」を続けることが可能となり、外国人墓地は、今や世界一の姿を示している。

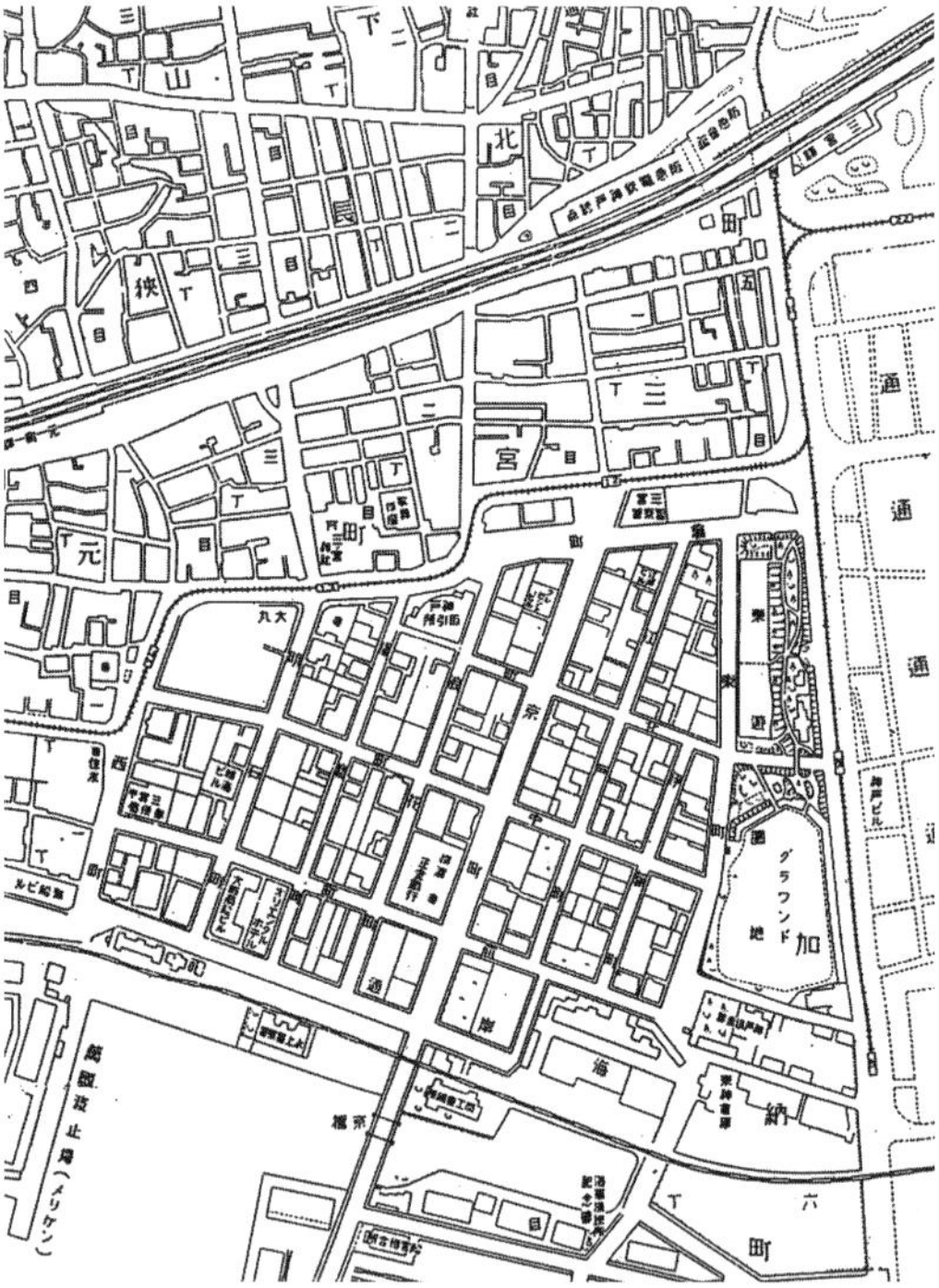

1930年代の地図：旧居留地（オフィス街）の直ぐ東側に位置したテニスコート４面（現市役所）、その南側に芝生グラウンド（東遊園地：東南角にクラブハウス）が在った

ボランティア活動

１９９５年の阪神・淡路大震災では、ボランティア活動が盛んに行われ「ボランティア元年」とも呼ばれた。日本人にとって漸く「ボランティア」という言葉とその実践が始まったのだった。

火の見櫓（左端）：18 番シム商会の西向い前町公園（現 NTT ビル）に位置した

①消防隊長

居留地会議では、行事局庁舎を建設し、警察署、留置場、消防本部を同居させた。局長は、居留地返還の日までH・トロチックが務めた。彼はA・H・グルームと共にグラバー商会の神戸及び大阪支店開設のために来神したが、転じて局長となった。

居留地では、花筵など燃え易い輸出品や茶の焙煎場も多く、意外に火事が多かった。消防隊を組織しシムが隊長に就いた。18番A・C・シム商会の西向いの前町公園に火の見櫓があり、シムは毎晩これに登ってからベッドに入った。その傍には、常に消防用ヘルメットと手斧が置かれ、およそ30年間シムが駆けつけなかった火事はないと言われる。また、消防用井戸を掘り、高かった保険料金を下げさせた。

神戸市は、居留地返還後もシムに消防指揮権を与え、顧問とした。

②災害救援

港が直ぐ南側にあった居留地は、毎年の台風や高潮に悩まされた。時には大型船が打ち上げられ、2週間も放置されていた。シムは、悠長で金銭目当ての業者を後目に、彼自身が奔走し片付けてしまった。

1885年夏、連日の大雨で淀川が決壊し大阪市内が水没した。シムも物資・現金を持って大阪の大洪水に駆けつけた。

巖手公報

外人の義舉

岩手公報：「外人の義挙」の見出しでA・C・シムのボランティア活動を記す（坂本公紀氏提供）

6年後の1891年、岐阜南部で6メートルもの断層を伴う大地震（M8・4）が発生。早速KR&ACでは、体育館ステージで「義援芝居」を打ち、集まった義援金を持って濃尾大地震の被災地に駆けつけた。後日、この活動を耳にした天皇陛下から、シムらに酒盃が贈られた。

2011年の東日本大震災（M9・0）と同規模の「三陸沖大津波」が、

１８９６年6月東北の太平洋岸を襲い、およそ3万人もの命を奪った。シムは、香港・上海・神戸の3居留地代表として、救援に向かった。岩手・釜石に上陸したシムは、多量の綿反物と義援金約2万円（現4億円程）を贈った。約3週間滞在し、病院患者を見舞い、炊事用具を配布し、大工には用具を贈与、孤児たちには別途２００円を配布するなど、弱者にも救いの手を差し伸べた。

ＫＲ＆ＡＣでは、シムの死後もこの伝統は受け継がれている。１９２３（大正12）年の関東大震災では、傭船を送り避難者を神戸へ運んだ。１９９５年の阪神・淡路大震災でもＫＲ＆ＡＣ体育館に避難者を受け入れた。

東遊園地の南西角に、今もシムの顕彰碑が立っている。

このオベリスク型の顕彰碑はシムの功績をたたえるもので、英文だけでなく漢文も刻まれている。2カ国語の石碑は、国内にこれ一つだけという。ＫＲ＆ＡＣは明治この方、日本人という外国人に対し、ボランティア活動を積極的に展開してきたが、その先達はシムだった。

顕彰碑の裏面：顕彰碑には表面の英文のほか、裏面には漢文でシムの功績が刻まれている（在：東遊園地の南西角）

2. もう一人の創設者 Ａ・Ｈ・グルーム

小坂 節雄

神戸レガッタ・アンド・アスレチック倶楽部とＡ・Ｈ・グルーム

イギリス人アーサー・ヘスケス・グルーム（以下Ａ・Ｈ・グルーム）といえば、１９０１（明治34）年六甲山に日本初のゴルフコース（4ホール）を造り、さらには2年後これを基に9ホールに拡張し神戸ゴルフ倶楽部（以下ＫＧＣ）とするなど、我が国ゴルフ界の始祖として、その名を歴史にとどめている人物である。

Ａ・Ｈ・グルーム

しかし、Ａ・Ｈ・グルームが神戸レガッタ・アンド・アスレチック倶楽部（以下ＫＲ＆ＡＣ）のオリジナル・メンバーとして、また自らも選手としてクリケットや水泳、陸上競技に活躍し、草創期のＫＲ＆ＡＣを支えたことを知る人は少ない。後年になって六甲山の開発、とりわけＫＧＣの創設があまりにも大きな業績であったため、若い頃のＫＲ＆ＡＣでの活躍が、顧みられなくなったのだろう。あるいはKR&ACといえばリーダーA・C・シムの名が有名で、A・H・グルームの功績がA・C・シムの名声の影に隠れてしまったためであろうか。しかし、発足当時のKR&ACの活動の実態を子細に見れば、A・C・シムとA・H・グルームは、互に車の両輪のごとく協力しながらKR&ACを育て上げたことがよく分かる。

その代表的な例として、クラブハウスの建設がある。『KR&AC100年史』によれば1877（明治10）年2月KR&AC年次総会で、A・C・シムが、クラブハウスの必要性を訴えたところ、A・H・グルームの支持を得て可決された。その後、居留地会議にA・C・シムが、この件を提案し、A・H・グルームが賛成意見を表明、もう一人の支持も得てレクリエーション・グラウンド（現東遊園地）にクラブハウスを建設することが認められた。翌年にはクラブハウスが建てられ、KR&ACの活動拠点となると共に地域の人々に開かれた施設となった。ここでは、スポーツを始め演劇、音楽会、パーティー等も行われ、神戸の外国人たちの社交の場となって行ったのである。

A・H・グルームはM・ハイマン（グラバー商会での同僚）の呼びかけで、共同出資者として1871（明治4）年モーリヤン・ハイマン商会を設立、茶の輸出を手掛けた。1883（明治16）年、成長した商会は横浜へ進出、A・H・グルームがその先導役を引き受けた。およそ10年後、その頃生まれた五男の健康上の問題で、妻の直も横浜に今一つ馴染めず、A・H・グルームは神戸に還ることを決断する。帰神後は、KR&ACの活動よりも自然豊かな六甲山に魅せられ、また年齢的にも神戸倶楽部（ＫＣ）の雰囲気がＡ・Ｈ・グルームに似合ったのだろう。こうしてＡ・Ｈ・グルームはＫＲ＆ＡＣと疎遠となってしまった。

生い立ち

Ａ・Ｈ・グルームは、１８４６年9月22日ロンドンのハイドパーク東北に面したセモアー（Seymour-Place）で生を受け、その後ロンドンから約１００㎞離れたマルボロ・カレッジ（Marlborough College）で教育を受けた。このカレッジはウィリアム王子夫人キャサリン妃やＤ・キャメロン英元首相の出身校としても知られた名門校で、海外伝道を志す聖職者子弟の養成を主目的としていた。だが、同時にクリケットやフットボール、ボートといったチームスポーツが盛んであった。スポー

グルームの家族写真

ツを通じてジェントルマンの育成というイギリス教育界の大きな流れを反映したものであった。マルボロ・カレッジの校風は、若きA・H・グルームの人格形成と卒業後の人生設計に強い影響を及ぼした。卒業生たちが次々と海外に雄飛する姿を目にし、兄フランシスが活躍する身知らぬ日本に、関心を掻き立てられたことは想像に難くない。

A・H・グルームの少年時代をうかがい知るような写真が一葉残されている。7歳（1853）の頃に両親や兄などと一緒に撮った家族写真である。写っている人物の服装や撮影場所などからは、当時の裕福で教養豊かな知識階級の生活を垣間見ることができる。前列右端、地面に座っている少年がA・H・グルームである。その表情からは如何にも陽気で活発、かつ好奇心旺盛な少年だったことが読み取れる。写真中央に立っているのが、事務弁護士の父アーサー・フィリップで、王室に文学の講義に出向くほどの教養人であったという。兄弟を挟んで写真中央に写るのが、母エマ・マーガレッタ（教師）であった。このように彼の少年時代を知るうえで貴重な写真である。グルーム家は代々メーソン・ロッジという厳しい宗派の信徒で、「父は宗教的に厳格な家庭で育った」と末娘の岸柳《りう》が書き残している。

カレッジではスポーツを通じて仲間との交流を深める一方、試合後は相手や審判をリスペクトするようなスポーツ精神をも身につけた。加えて、面倒見が良く仲間からの信頼・評判も高かった。神戸でも持ち前の性格を遺憾なく発揮し、未だ23歳の青年であったにもかかわらず、KR&ACの創立委員の一人に選ばれた。優れたアスリートというだけではなく、多くの仲間たちからの推薦があったからである。

A・H・グルームと神戸

兄フランシスは、あのT・グラバーと出会い共同出資で長崎にグラバー商会を立ち上げた。しかも、英国の大商社ジャーディン・マセソンの代理店も兼ねていた。1867年5月A・H・グルームは、兄フランシスと共に長崎から神戸・弁天浜（現モザイク北側）に上陸の第一歩を印した。グラバー商会の神戸支店開設が目的（日本茶の買付け）だった。だが当時の神戸は開港間もなくで、居留地の造成も遅れ目の前には荒れた土地が広がっているだけだった。

神戸は宇治や近江といった良質の茶の産地に近く、日本茶は最大の輸出品であった。開港5年間の輸出実績では、約45％を日本茶が占めていた。因みにA・H・グルーム自身は大変な茶の目利きで、茶葉を見ただけでその産地を言い当てることができたという。

遅れていた造成もやっと出来上がり、居留地の永代借地権・競売（第1回）が、行われたのは1868（明治元）年も9月のことだった。これ以前は、もちろんホテルもなく個人宅を間借りするにもべらぼうに家賃が高かった。そのため多くの欧米人は、大小の寺に身を寄せた。A・H・グルームもそんな一人で、元町通りの善照寺に仮寓することとなった。そして翌年、佐々木住職の媒酌でA・H・グルーム（22歳）は、当時18歳の宮崎直（大坂玉造の士族の娘）と結婚することになる。このような縁でグルームが神戸を一生の住み家とし、六甲山の開発やオリエンタル・

ホテルの経営など、神戸の発展に尽すことになったのである。それは、神戸にとって真に僥倖であったと言えるだろう。

A・H・グルームの足跡と遺産（レガシー）

(1) 英字日刊紙「ヒョウゴ・ニュース」スポーツ記事から

▽最初に彼の名が現れるのは、1869（明治2）年10月16日。神戸チームと英国軍艦オーシャン号チームとの間で、神戸初のクリケット試合が行われ、神戸が121対28のスコアで勝った。神戸のメンバーには、A・H・グルームを始めW・G・ジョンソン、H・ルーカス等の名が見え、「彼らこそ自分たちのその後の人生を神戸に委ね、神戸とともに歩んだ人々である」と記している。また、このメンバーが中心となって10月19日にクリケット・クラブ設立準備委員会が発足し、翌年にクラブが誕生する。以後、横浜のチームとの対抗戦が第1次大戦前まで続いたという。この記事からは、KR&ACの創立（1870年）前に、既にA・H・グルーム等がスポーツクラブ設立の下準備をしていたことが読み取れる。

▽次に現れる記事は、当然のことながら1870（明治3）年9月23日のKR&AC発足についてである。香港・上海でスポーツマンとして既に著名であった薬剤師A・C・シムが、1870年に来神しスポーツクラブの設立を提唱、9月20日の設立準備委員の選挙ではA・C・シムの最多票を筆頭に7名の委員が選ばれ、その中にA・H・グルームも名前を連ねている。

▽ＫＲ＆ＡＣ設立後の１８７０年12月、生田神社の東側にあった競馬場で実施されたペーパーチェイスという長距離走でＡ・Ｈ・グルームは2等賞を獲得している。

▽１８７１（明治４）年ＫＲ＆ＡＣに水泳委員会が組織された。そして、新しくなった水泳施設で初の水泳大会があり、７種目の競泳その他に潜水や卵拾いの計9種目が行われた。Ａ・Ｃ・シムやＡ・Ｈ・グルーム等が活躍した。

▽１８７２（明治５）年４月には、ＫＲ＆ＡＣの看板競技の一つである長距離走（マラソン）が行われている。それは居留地から摩耶山・天上寺への往復走で、Ａ・Ｃ・シムが優勝したが、Ａ・Ｈ・グルームは早々と脱落、棄権している。

▽１８７６（明治９）年の春、居留地の直ぐ南側の海で、神戸・横浜・上海によるインターポート・レガッタが行われた。神戸は「４人漕ぎ」で優勝、Ａ・Ｃ・シムとともにＡ・Ｈ・グルームが漕手の一人であったと記す。この年の冬には、居留地の直ぐ東側にレクリエーション・グラウンドが完成している。

（２）Ａ・Ｈ・グルームとＫＲ＆ＡＣ

上記の記事からは、何よりもＡ・Ｈ・グルームが陸上、水上を問わず万能のスポーツマンであったことが判る。これほどの成績を挙げたということは、学校時代に様々なスポーツに懸命に取り組んでいたことを窺わせる。また、神戸で過ごした前半生の殆んどが、ＫＲ＆ＡＣと共にあったかのような印象さえ受ける。

（3）KR&ACによるスポーツの普及

KR&ACメンバーが東遊園地で行っていたスポーツを、多くの日本人が観戦していた。やがて、兵庫県立第一神戸中学校、同御影師範学校、神戸高等商業学校などに野球やサッカー、ラグビーなどのクラブが生れ、KR&ACに教えを乞い交流戦も行われるようになる。各スポーツの普及・強化に伴って学校同士の対校戦（例：神戸一中VS二中、早慶戦）や東西の対抗戦（京大・東大戦）なども盛んになり、我が国学生スポーツの伝統ともなった。これらはKR&ACとYC&ACの対抗戦すなわちインターポート・マッチ等に由来するものである。これらの事例だけを観てもKR&ACなど外国人スポーツクラブが、我が国スポーツの発展に果たした役割には端倪すべからざるものがあった。

しかしながら、ルールや技術・戦術、勝敗だけでなく、彼ら欧米人が大事にしたフェアプレー精神やスポーツマンシップ、試合後のパーティー等が、日本人チームにも理解され受容されたか、については確かではない。

ただ、「KR&ACとの試合が終わると中学生たちには、クラブハウスで焼立てのドーナツと香り高いリプトン紅茶が振る舞われ、彼らをいたく喜ばせた」との記録はある。また、京都三高の学生たちの中には、試合よりも神戸の異国情緒や試合後のパーティーを楽しみにして、KR&ACに向かったという学生もいた。

阪神間モダニズムとスポーツ
―KR&ACの貢献―

髙木 應光

1 阪神間モダニズム

大阪―神戸間に鉄道が走ったのは1874年のこと。日本初の新橋―横浜間に次いで2番目のことだった。「殖産興業」をスローガンとした明治政府の意図が、ここに現れている。その大阪の殖産興業化は、1882年設立の大阪紡績（現東洋紡）に端を発する。やがて、大阪は「東洋のマンチェスター」と呼ばれるほどに成長する。だが、それに伴い煤煙による大気汚染、河川の汚濁など公害が発生、市内での生活は酷い状況になって行く。富裕層で南部の帝塚山等へ住居を移す人々もあったが、多くは阪神間へ転居した。

阪神間を走る官営鉄道（現JR）の停車駅は、当時、神崎（現尼崎）、西ノ宮、住吉のわずか3駅。この中で住宅地として好適なのは、住吉川の扇状地に開けた住吉駅の北辺であった。最初（1900年）に住宅を設けたのは、朝日新聞社の村山龍平（6000坪超／1万9800㎡超）だった。続いて、大林義雄（大林組）、武田長兵衛（武田製薬）、野村徳七（野村財閥）、住友吉

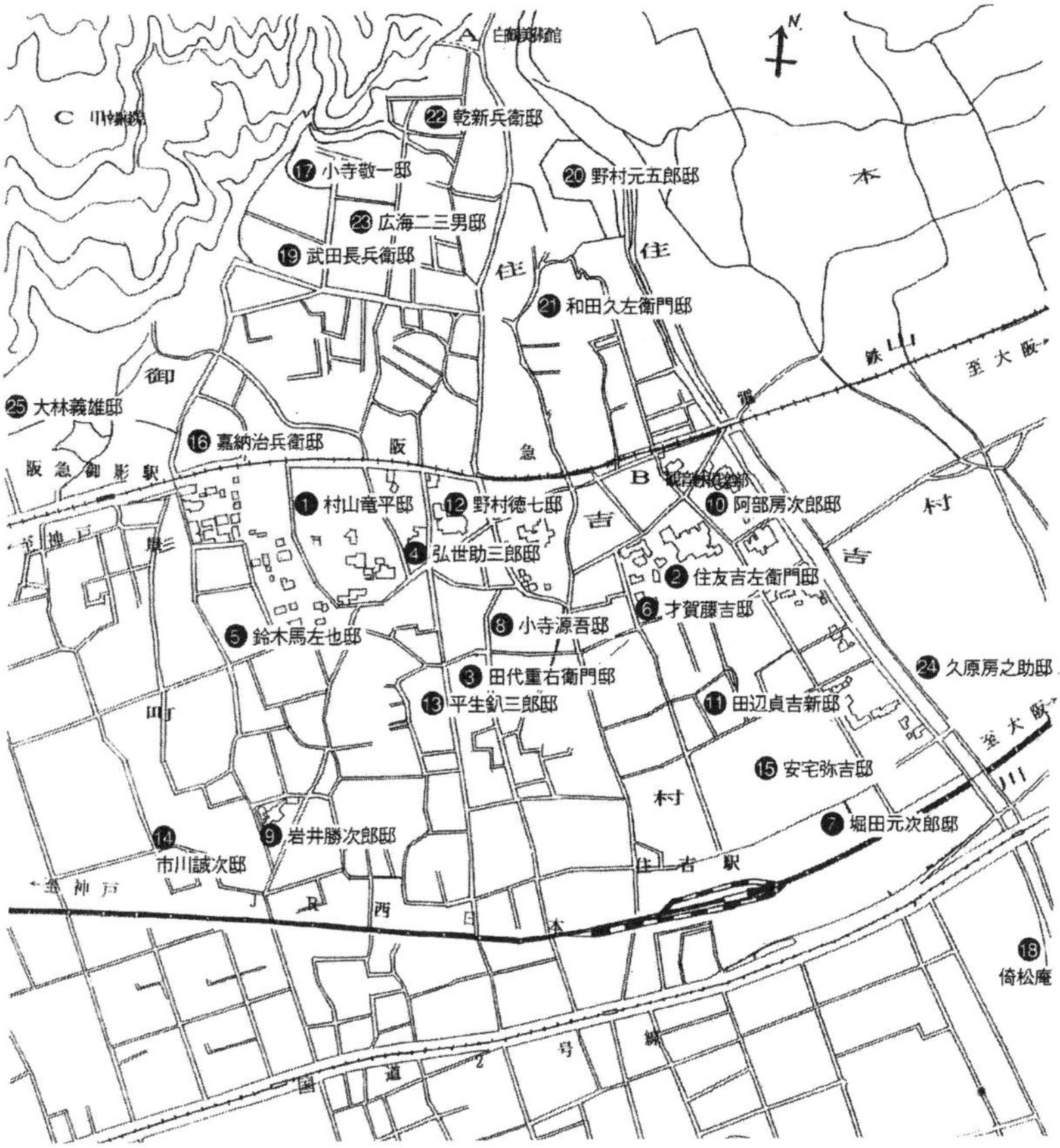

御影～住吉：大阪・神戸の財界人が多数住んだ地域
(坂本勝比古作図『近代日本の郊外住宅地』2000年より)

左衛門（住友財閥本家）、弘世助三郎（日本生命）、平生釟三郎（旧制甲南高校）、安宅弥吉（安宅産業）、久原房之助（久原財閥）ら財界人が競って住宅や別邸を設けた。

次いで1905年、阪神電気軌道（現阪神電鉄）が、1920年には阪神急行電鉄（現阪急電鉄）が走り、また阪神国道が開通した1927年には「チンチン電車」（阪神国道電車）も、この上を走った。計4本、国道を含めると5本の交通機関が、幅わずか2キロメートル程（山麓～海岸）の大阪―神戸間を走った。これらの資本投下の大きさに、阪神間のポテンシャル・エネルギーの高さを見ることができる。

大阪・神戸から多くの富裕層を迎えた阪神間に、いち早くモダンな生活文化が華開くことになる。上方の文化と神戸・欧米人たちの生活文化が、この地でミックスされて行く。ヴォーリズに代表されるスパニッシュ建築、ゴルフ場やテニスコートを持つリゾートホテル、「ファッション」と題した初の服飾情報誌、亡命ロシア音楽家が指揮した宝塚歌劇、南仏に似た陽光で描いた洋画家たち、家一軒なみの高級カメラを駆使した写真家たち、東西の美術・工芸品を蒐集した数寄者たち、洋食・洋酒を好んだ文学者等々。これらが後に「阪神間モダニズム」と呼ばれ、現代生活の黎明期の姿だった。もちろん、スポーツもその一端を担うものであった。

2　東遊園地から

関西の、日本の野球、サッカー、ラグビー、ボート、テニス、水泳など数多のスポーツが、普及・強化されたのは、KR&ACによるところが大である。

①野球

神戸一中の野球部が1896年、東遊園地グラウンドで欧米人チーム Kobe Cricket Club（KCC）に挑戦。胸を借りるつもりの一中が、逆に20対9で大勝。以後、神戸では野球人気が沸騰、観客席は常に満員だった。一中では全校挙げての応援が、学校行事となり一番人気のスポーツになって行く。

1915年の夏、箕面有馬電気軌道（現阪急電鉄）が経営する豊中運動場で、全国中等学校優勝野球大会が始まっている。その第5回大会では神戸一中が優勝、そのほか神戸勢が10回中5回も決勝戦へ駒を進めている。その背景には、前述のKCCやKR&ACの存在を見逃せない。現在「夏の甲子園」とも呼ばれるこの大会は、既に100回を超え、毎年「夏の風物詩」ともなっている。

②ラグビーとサッカー

野球に遅れること3年、1918年1月、同じ豊中運動場で全国フートボール優勝大会が、ラグビーとサッカーの部に分かれて開催された。神戸の中学校等のサッカー部（御影師範、神戸一中、関学等）が、KR&ACに胸を借りて強くなって行く。以来、神戸勢は戦前24回中20回も決勝戦に進出している。豊中から始まったこのサッカー大会（現高校サッカー選手権大会）は、1976年55回大会から関東に会場を移したが、それ以前は長らく阪神間（宝塚、甲子園、西宮など）及び大阪（靭、長居など）で開催されてきたのだった。

日本のラグビーは、慶應が嚆矢である。それが1910年、京都・三高へ移植された。同志社サッカー部にもラグビー転換を働きかけ、翌年ラグビー部が誕生する。これらに刺激を受け、京都では中学校やクラブチームが続々誕生する。

サッカー：KR&ACに胸を借りて強くなった御影師範

こうして日本のラグビーは東京ではなく、京都が「メッカ」となって行く。京都勢が、元祖・慶應を倒す近道をＫＲ＆ＡＣに求めたのは、当然のことであった。しかし、試合よりも「神戸の異国情緒」や試合後のパーティー（於ＫＲ＆ＡＣ）を楽しみにする学生も多かった。

同じく豊中運動場から始まったラグビー大会では、ＫＲ＆ＡＣのＪ・エブラハムら数名をレフリーに招聘している。サッカー同様、会場は宝塚、甲子園、西宮、東京など幾多の変遷もあったが、現在は「聖地・花園」で全国高校ラグビー大会として実施されている。今では「冬の風物詩」とまで言われるほどに成長し、２０２０年、第１００回大会を迎えた。

高校の三大人気スポーツ大会（野球、サッカー、ラグビー）を遡れば、ＫＲ＆ＡＣと「阪神間モダニズム」の痕跡を容易に発見できる。

③テニス

神戸の欧米人が、本格的にテニスを行うようになったのは１８８５年頃のことである。彼らが創設したのが、Kobe Loan Tennis Club（ＫＬＴＣ）で、ＫＲ＆ＡＣとは別組織だった。だが、彼らの会合や懇親会などはＫＲ＆ＡＣで行われ、多くのメンバーがＫＲ＆ＡＣにも所属していた。4面のテニスコートは、現在の神戸市役所の位置に在ったが、１９５５年現在の磯上公園に移転した。

日清・日露戦争に勝利した日本は、第１次大戦で「漁夫の利」を占め、貿易も急伸、経済面でも国際化が進んだ。並行して、熊谷一弥（三菱銀行）や清水善造（三井物産）らが、五輪、ウインブルドン、デビス杯などで活躍、KLTCやKR&ACからも招待され、模範試合をして見せた。当時、阪神間ではテニスがブームとなりコートを設ける邸宅も増え、ステータス・シンボルともなった。

　この時代、国際大会へも自費参加で、彼らの友人・知人らが寄付集めに奔走した。結果、関東で2万円、関西では5倍の10万円が集まったという。やがて、甲子園球場の南側に１０２面ものテニス倶楽部（阪神電鉄経営）が出現、そのコート数は世界一だった。これらを含め当時、関西（大阪＋兵庫）のテニスコート数は、関東（東京＋神奈川）の１・４倍を誇った。

　東・西で、スポーツの普及、理解、協力

甲子園国際庭球倶楽部：阪神間の盛況を示し世界一の102面を誇った

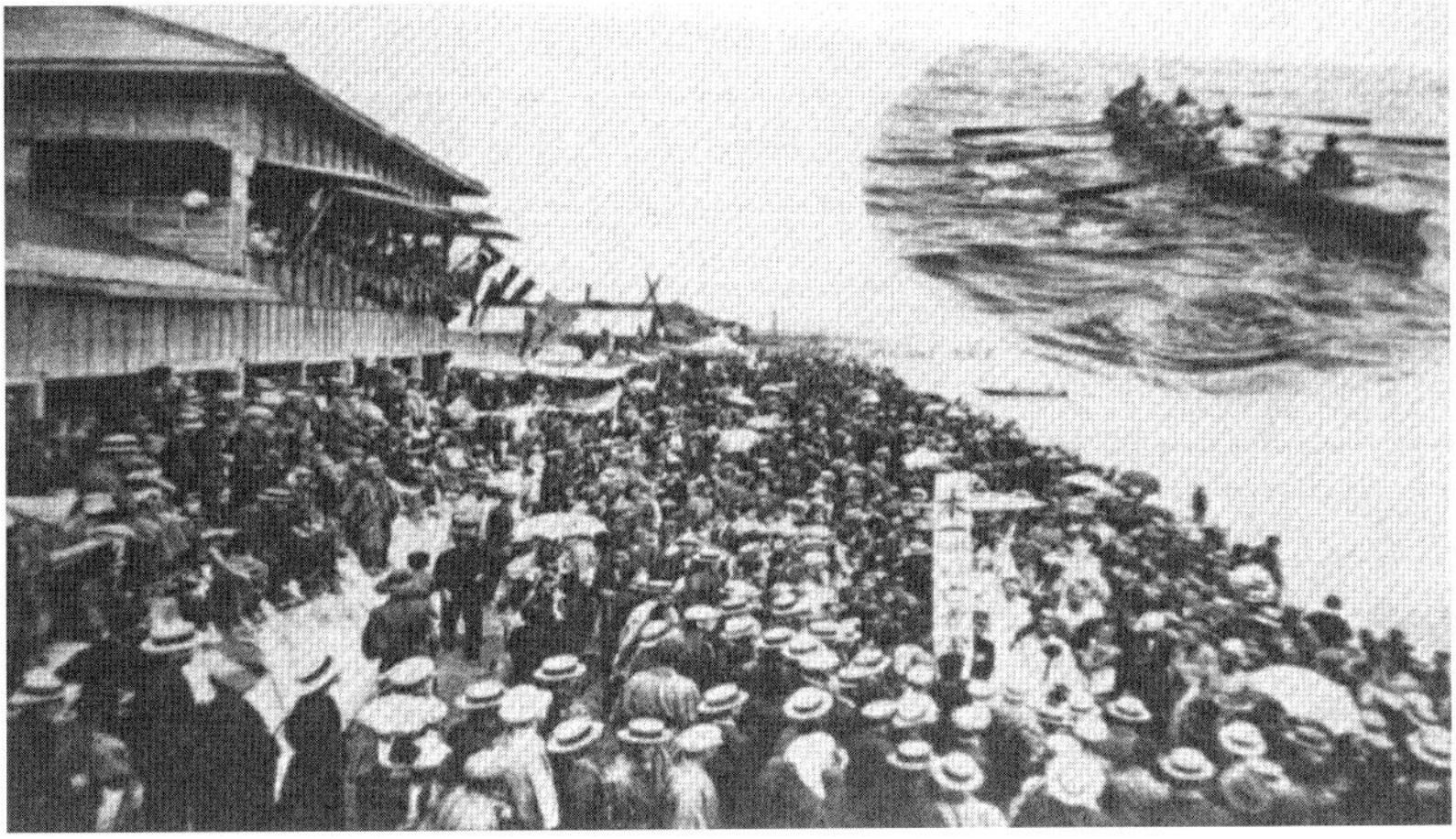

大観衆で賑わう敏馬の浜（JBC 紹介⑳神濤会より）

への意識差が窺える。

3　茅渟《ちぬ》の海から

①盛んだったボート

１９０１年ＫＲ＆ＡＣのボートハウスが、敏馬《みぬめ》（現ＨＡＴ附近）に移転した。これを追うように、神戸高商や関学、御影師範などが近くに艇庫を並べた。校内大会はもちろん、ＫＲ＆ＡＣとの定期戦や学校同士の対校戦など、敏馬の浜はその度ごとに応援団や観衆でごった返した。またＫＲ＆ＡＣのボート・クルーは、近くは大阪・中之島へ、遠くは琵琶湖へも遠征し雄姿を見せた。

②日本初のクロール

神戸生まれのＥ・Ｗ・スレードが、ニューヨークへ留学。１９１６年、学んだ新泳法クロールを

ＫＲ＆ＡＣへ持ち帰った。これを聞いた茨木中学（日本初、学校プール建設）の選手たちが、敏馬プールを訪れクロールを学び、やがて全国に普及して行った。１９２８年アムステルダム五輪１００メートル銅メダルの高石勝男（後水泳連盟会長）も、茨木中学で育った一人。この時の金メダリストがワイズミュラー（後に映画『ターザン』の主役を務めた）で、来日した際にＫＲ＆ＡＣプールでクロールを泳いで見せた。

その4年後ロサンゼルス五輪で日本男子は、6種目中5種目に金メダルを獲得、急速な進歩に世界が驚いた。この原点は、ＫＲ＆ＡＣの敏馬プールにあると言っても過言ではなかろう。

4　背山・六甲山から

１５０万人が暮らす港町・神戸。こんな神戸の背山に１０００メートル近い六甲山がそびえている。海と山がこれほど近い大都市も珍しい。明治期、神戸を訪れた欧米人たちが、この地を最適なリゾート地と考えたのも頷ける。

①六甲登山

初めて六甲山に登った欧米人は、Ｗ・ガウランド（大阪造幣局）とＥ・サトウ（英外交官）、Ｒ・アトキンソンの3名だった。時に１８７３年のこと。

「ペデスツリアン」：神戸徒歩会が発行した会誌（和英両文で記述された）（松本佳子氏提供）

やがての六甲山開発は、初の山荘やゴルフ場を設けたA・H・グルーム（KR&AC創設メンバー）。J・P・ワーレン（Kobe Golf Club）やH・E・ドーント（KGC）たちは、自費で登山道整備を行った。彼らの地域貢献に感銘を受け、塚本永堯（前住友理事）が神戸草鞋《わらじ》会を結成。やがて神戸徒歩会と改称するが、多くの欧米人も入会、約１５０名の内3分の1を占めた。まさに国際港都・神戸らしい組織だった。もちろんB・エブラハムらKR&ACメンバーも入会している。

神戸徒歩会の一人、藤木九三（朝日新聞・神戸）も忘れ難い。藤木らは、より高い山を目指すべくRock Climbing Club（RCC）を立上げ、岩登り技術の向上に努めた。その練習場が芦屋の「ロックガーデン」（直木重一郎の命名）だった。１９２４年、大阪に日本初の登山スキー専門店「好日山荘」が誕生したのもこの頃だった。

六甲山を中心とする登山ブームは、春・秋の遠足や耐寒登山など学校行事を生んだ。甲南小学校など、毎月登山をする学校も現れた。

早朝、散歩がてらに背山を登る欧米人もいた。彼らを見倣い、再度山や布引、一王山、保久良山などへ「毎日登山」をする人々も増えていった。中には連続1万回を超える人が何百人もいるという。こんな神戸・阪神間ならではの健康法が、根付いている大都会も珍しい。

②日本ゴルフのスタート

日本初のゴルフ場は、1901年A・H・グルームが六甲山に造った、私的なコース（4ホール）だった。2年後、これを拡充・クラブ化し、神戸ゴルフ倶楽部（KGC）が誕生する。ここのメンバーW・J・ロビンソンが、「冬でもゴルフがしたい」と翌1904年、自費で横屋ゴルフ・アソシエーションを造った（現魚崎中学校の辺り）。これが日本で2

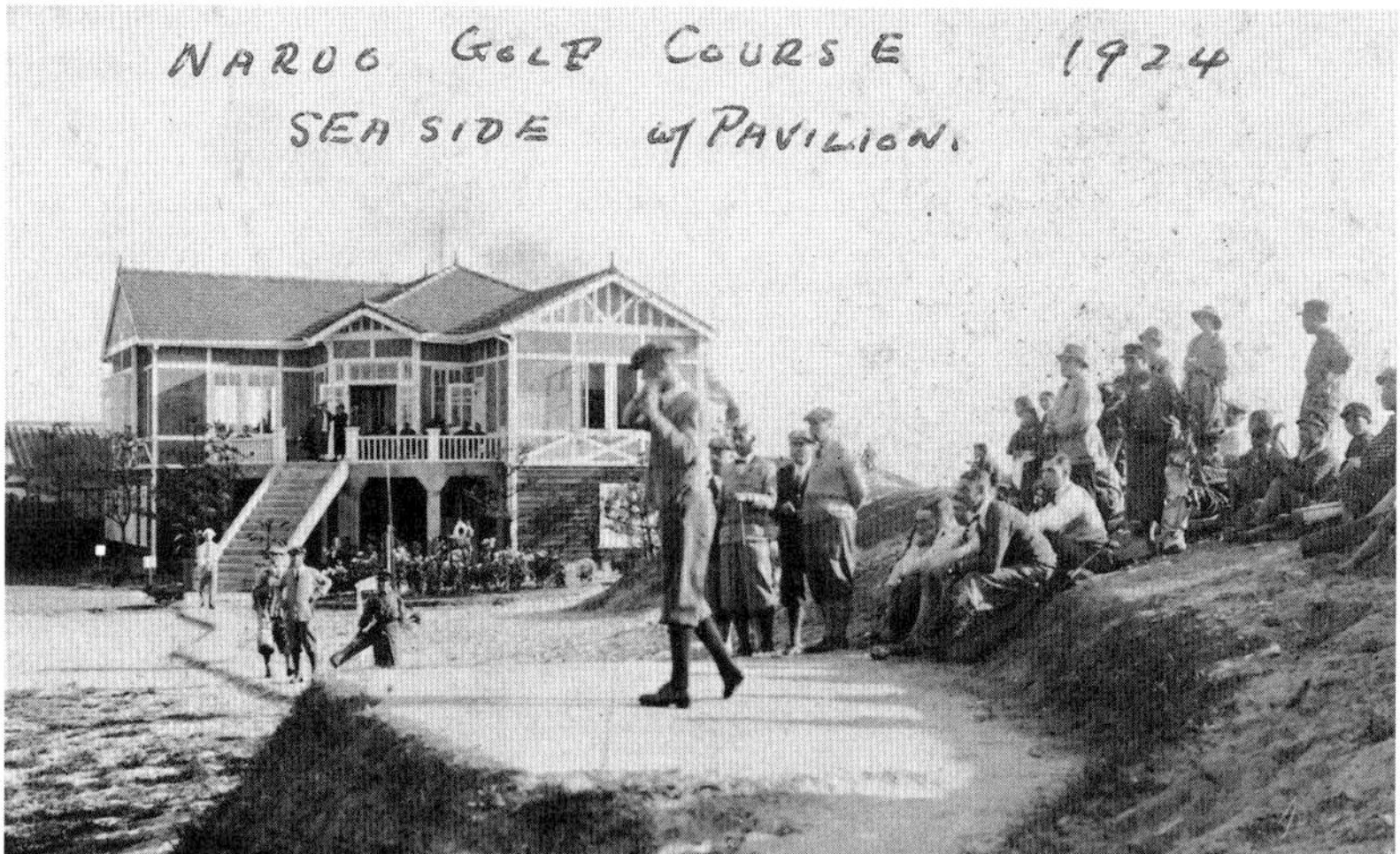

鳴尾ゴルフ倶楽部：1番ティーグラウンド（手書きの1924は1925年の間違い）
（箙氏アルバムより）

番目のゴルフ場だった。10年後、借地の返還を求められ西宮・鳴尾浜の競馬場跡地に、鳴尾ゴルフ・アソシエーションを開場。その後、紆余曲折もあったが１９２０年初夏、鈴木商店（現双日）の社員やクレーン兄弟（ＫＲ＆ＡＣ）らで再出発したのが、鳴尾ゴルフ倶楽部だった。同年秋、南郷三郎（日綿）が主導して舞子カントリー倶楽部が、また１９２３年には広岡久右衛門（大同生命）らが中心となって、茨木カンツリー倶楽部を誕生させた。

旧摂津国は、日本のゴルフ先進地だった。

これら紹介してきた幾多のスポーツが、阪神間、そして関西に根付き全国に広がって行った。その背景にあったのはＫＲ＆ＡＣの、そして「阪神間モダニズム」の成果だった。

兵庫・神戸と日本最初のマラソン大会

田辺 眞人

東遊園地と湊川公園

日米修好通商条約はじめ１８５８（安政５）年に結ばれた安政の五カ国条約によって、すでに開港していた函館・長崎・横浜に加えて、兵庫津《ひょうごのつ》はイギリス・オランダ・ロシア・フランスに対しても貿易港として、新潟とともに開かれることになった。条約では兵庫開港は5年後とされたが、１８６０年代になると桜田門外の変をはじめ攘夷運動が激化したため、幕府は諸外国との交渉で開港をさらに5年後の１８６８年と約束した。一方、人口2万人の兵庫津での異文化間の紛争を避けようとした幕府は、兵庫から湊川を渡り、坂本・走水《はしうど》・二ツ茶屋の村々のさらに東、神戸村の東部、（旧）生田川の川口西岸に外国人居留地を建設した。こうして１８６３年のはずだった兵庫開港は、時も所もいささかずれて、１８６８年に神戸で実現することになった。

この神戸外国人居留地は、東の生田川（今のフラワーロード）、西の鯉川（今の鯉川筋）、北の西国街道とその延長線（今の大丸北側の道）、南の海岸に囲まれた地域に造成され、その建設中に大政奉還や王政復古が行われた。維新直後に居留地の外国人から生田川の洪水対策を求められた新政府は、川筋を居留地から東に離して、現在の新生田川に付け替えた。この工事が明治4年に完成した後、旧川の下流西岸の堤防一帯は東遊園地と呼ばれる緑地となって、居留地住民のピクニックやスポーツの場となり、欧米のスポーツの近代日本への窓口となった。KR&ACのクラブハウスもここに営まれたのである。

明治初年に神戸・二ツ茶屋・走水の3村は併せて神戸町《まち》を称して一体化し、湊川南西の兵庫町《まち》（町内は北

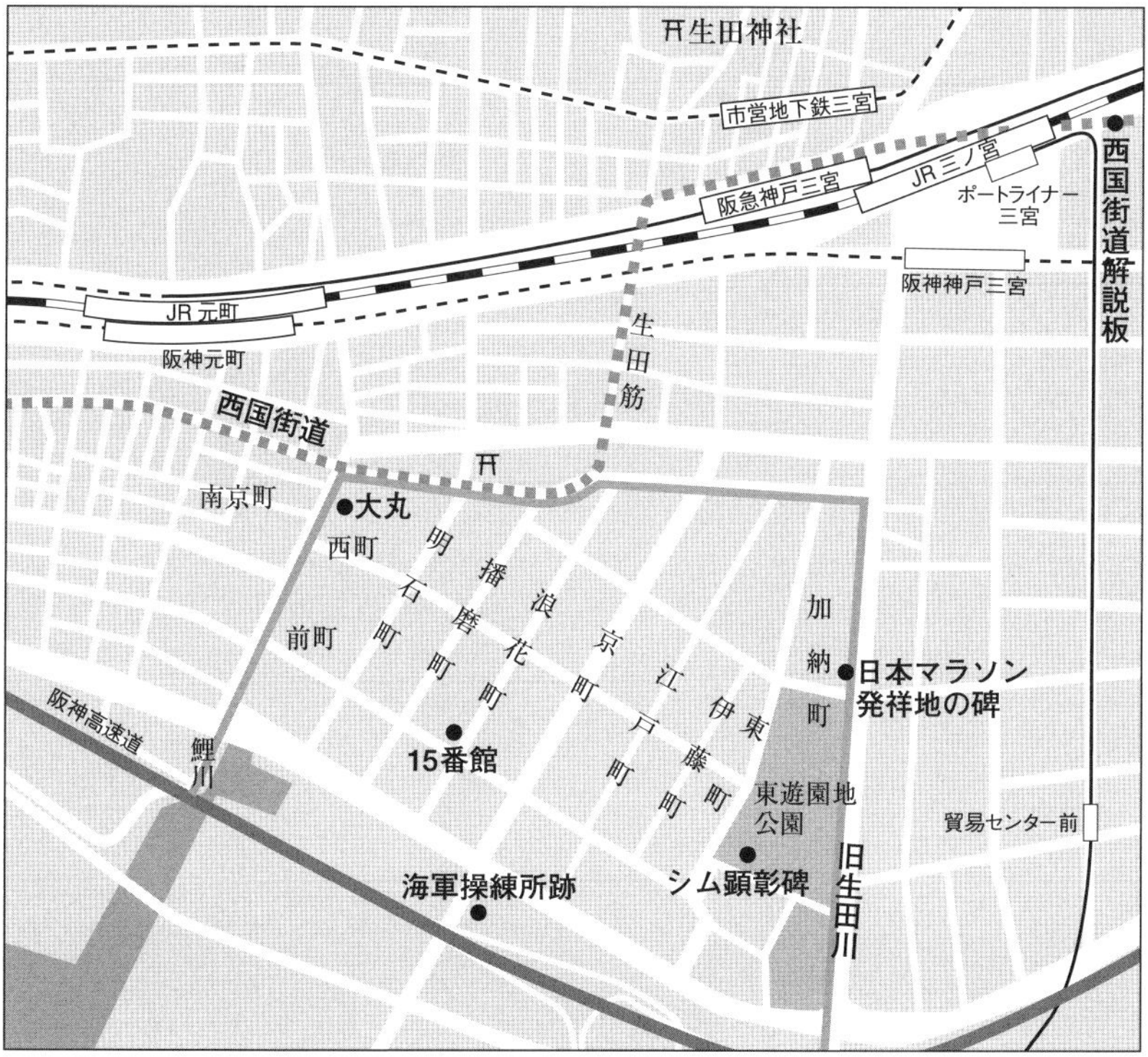

旧神戸外国人居留地周辺地図

旧居留地区域
西国街道

浜・南浜・岡方《おかがた》に分かれていた）と対峙し、その中間の坂本村（今の神戸駅から大倉山一帯）をはさんで兵庫と神戸の二つの核が形成されていった。

この兵庫と神戸の間を流れる（旧）湊川は天井川で東西交通の妨げとなった。加えて上流で豪雨が降ると神戸港に泥水を流し込み、時に洪水をも引き起こした。近代国家経営が軌道に乗り、産業革命が進行して資本と技術が蓄積された明治31年、いよいよこの湊川の付け替え工事が進められることになった。湊川中流から人工の水路で水を西に流し、長田を南流する苅藻川に合流させる大土木事業である。こうして新湊川が誕生し、会下山の下には20世紀初頭世界で最大級のトンネルとされる湊川隧道が建造され、工事は１９０１（明治34）年に完成した。この後、旧湊川の流路跡は埋め立てられて、造成地つまり新開地が形成される。やがて明治44年に造成地の北端に湊川公園が開設され、神戸側の東遊園地と双璧をなす緑地として人々に親しまれることになる。

新開地には明治末に芝居小屋や折から伝来した映画の劇場が建てられ始め、西日本を代表する繁華街になった。東京の帝国劇場と並び称された聚楽館が開業するのは１９１３（大正２）年のことである。

オリンピックとマラソン競技

兵庫開港の当初の約束の年だった１８６３年にフランスで生まれたのが、近代オリンピックの父、ピエール・ド・クーベルタン（１８６３〜１９３７）である。教育家を志した若い日の彼が英国に留学して驚いたのは、英国ではスポーツが教育に活用されて、健全な中産階級を育成している事実であった。このようにクーベルタンがスポーツの意義を認識したころ、ヨーロッパの知識人の間にはギリシア文化ブームが広まっていた。ドイツ人ハインリヒ・シュリーマン（1822～1890）が1770年からトロイの発掘を始め、1773年にトロイ文明、1776年にミュケナイ文明の発見を発信していたからである。

スポーツの効用を認めギリシアブームの影響を受けたクーベルタンは、19世紀後半のヨーロッパ列強間の抗争という課題に対処するために古代ギリシア文化を活用しようと考えた。都市国家《ポリス》が分立抗争する古代ギリシアにあって、4年に一度のオリンポス祭で催される競技会には諸国が休戦をしてでも参加していたことが知られるようになっていたからである。この故事にちなんで4年に一度の平和な祭典を実現しようとしたクーベルタンらは、日清開戦の1894年に国際オリンピック委員会を成立させ、1896年に近代オリンピック大会を実現させたわけである。歴史に敬意を払って、第1回大会はギリシアのアテネで開催された。この時、大会の象徴となる競技として、歴史をふり返った人々は紀元前490年のペルシア戦争で、東方からエーゲ海を渡ってギリシアに上陸したアケメネス朝の大軍を劣勢のアテネ市民軍が打ち破ったマラトンの戦いに注目した。予想外の勝利をアテネに伝えようと戦場から約40キロの道のりを走りぬき、伝言のあと倒れたアテネの勇者の物語をヘロドトスが『歴史』で伝えていた。こうして、マラソンと名づけられた長距離競走の新種目がオリンピックとともに誕生したのである。

ところでマラソンの走行距離に関しては、第1回大会では約40キロが走られたが、その後、長さは一定していなかった。初めて42・195キロが採用されたのは、1908年の第4回ロンドン大会である。しかし、その後の大会でも距離は変動し、1924年の第8回パリ大会で再度42・195キロとなったあと、現在までその距離が踏襲されている。

新湊川建設の明治30年代にオリンピックやマラソンの情報は日本にも伝えられた。やがてクーベルタンの誘いもあって日本もオリンピックに関心を深め、1909（明治42）年には嘉納治五郎（1860〜1938）が東洋人として初めて国際オリンピック委員会委員に就任した。また、オリンピックは理想に燃えていた。日本のオリンピック初参加は1912年ストックホルム大会であった。嘉納治五郎は幕末に摂津国菟原《うばら》郡御影《みかげ》村（現、神戸市東灘区）に生まれている。

日本最初のマラソン大会

日本人初の国際オリンピック委員嘉納治五郎を生んだ灘の地域は、また、日本最初のマラソン競技のコースでもあった。しかも、そのマラソン競技会は偶然、彼が国際オリンピック委員に就任した年に行われた。

1909（明治42）年2月19日付の『大阪毎日新聞』は、一面中段に約1カ月後の春分の日に阪神間で走行距離20哩《マイル》のマラソン大競走を実施すると予告し、20名の参加者募集の記事を掲載した。1位から5位までの走者には、各300円・200円・100円・50円・30円の賞金と

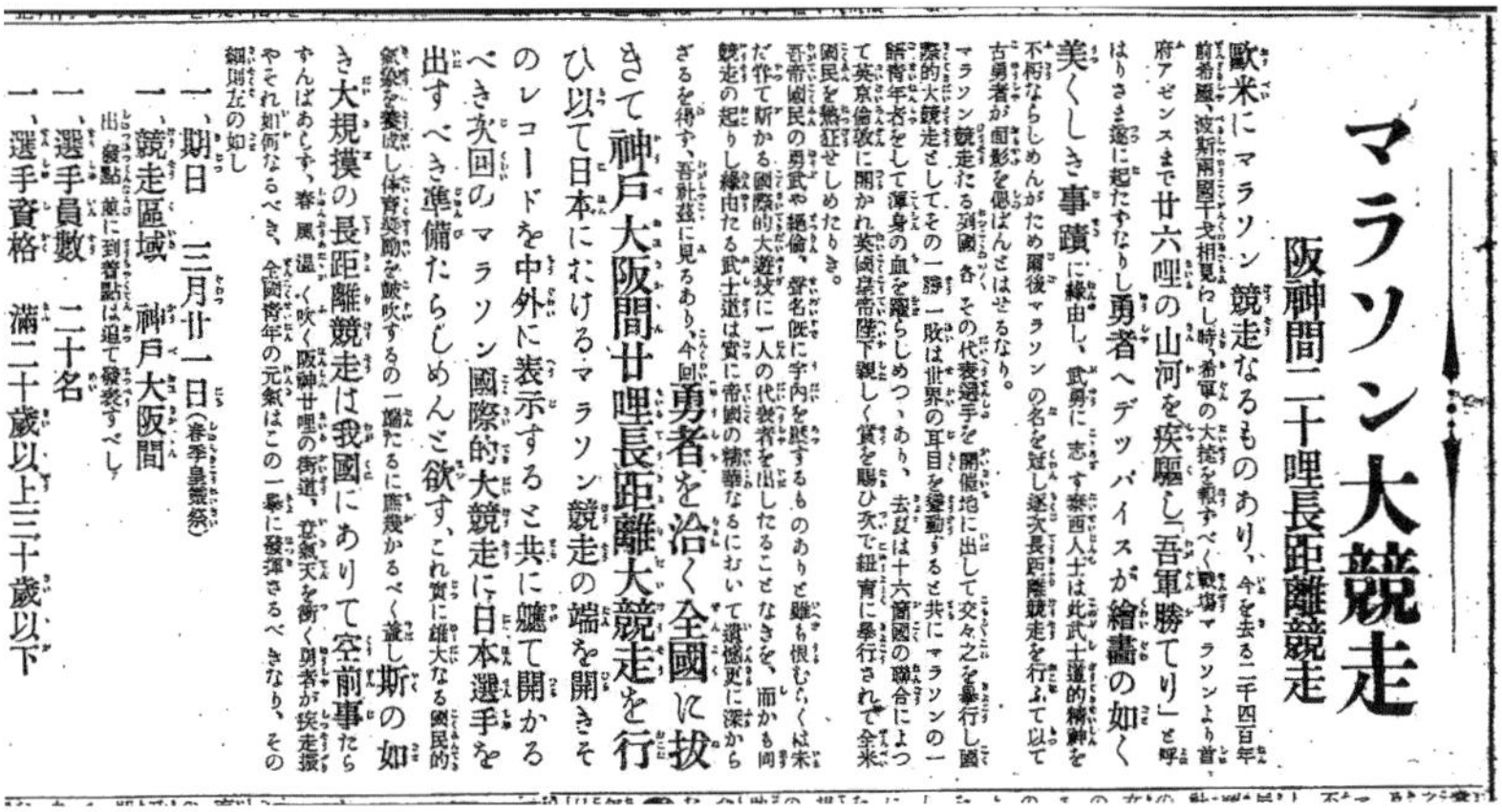

マラソン大競走

阪神間二十哩長距離競走

歐米にマラソン競走なるものあり、今を去る二千四百年前希臘、波斯兩國干戈相見わし時、希軍の大捷を報ずべく戰塲マラソンより首府アゼンスまで廿六哩の山河を疾驅し「吾軍勝てり」と呼はりさま遂に起たずなりし勇者ヘデッパイスが繪畵の如く美くしき事蹟に縁由し、武勇に志す泰西人士は此武士道的精神を不朽ならしめんがため爾後マラソンの名を冠し逐次長距離競走を行ふて以て古勇者が面影を偲ばんとはせるなり。

マラソン競走たる列國各その代表選手を開催地に出して交々之を舉行し國際的大競走としてその一勝一敗は世界の耳目を聳動すると共にマラソンの一斯青年者をして渾身の血を躍らしめつゝあり、去夏は十六箇國の聯合によつて英京倫敦に開かれ英國皇帝陛下親しく賞を賜ひ次で紐育に舉行されて全米國民を熱狂せしめたりき。

吾帝國民の勇武や絶倫、聲名既に宇内を壓するものありと雖も恨むらくは未だ作て斯かる國際的大遊技に一人の代表者を出したることなきを、而かも同競走の起りし縁由たる武士道は實に帝國の精華なるにおいて遺憾更に深からざるを得ず、吾社茲に見るあり、今回勇者を洽く全國に拔きて神戸大阪間廿哩長距離大競走を行ひ以て日本におけるマラソン競走の端を開きそのレコードを中外に表示すると共に軈て開かるべき次回のマラソン國際的大競走に日本選手を出すべき準備たらしめんと欲す、これ實に雄大なる國民的氣象を養成し體育奬勵を皷吹するの一端たるに庶幾かるべく蓋し斯の如き大規摸の長距離競走は我國にありて空前事たらずんばあらず、春風温く吹く阪神廿哩の街道、意氣天を衝く勇者が疾走振りやそれ如何なるべき、全國青年の元氣はこの一舉に發揮さるべきなり、その細則左の如し

一、期日　三月廿一日（春季皇靈祭）

一、競走區域　神戸大阪間

出發點並に到着點は追て發表すべし

一、選手員數　二十名

一、選手資格　滿二十歳以上三十歳以下

マラソン大競走の広告（大阪毎日新聞　1909年2月19日付）

金メダル、6位にも金メダルが与えられると記している。参加資格は満20歳から30歳まで。2日後の紙面では、将来の日本選手育成のために参加者は相当の学歴のある者や学生、軍人が望ましいとし、職業上の脚力保持者は遠慮してほしい旨が示された。希望者は住所・氏名・年齢・職業・学歴を明記し、学校や役所・軍隊での保証人の署名・捺印を添えて、3月5日までに大阪毎日新聞社長距離走掛まで申し込むようにと告知している。

同紙は2月下旬に順次、大会計画を公表していく。志願者は3月13日に体格検査を受け、合格すれば3月14日に実地競走試験に参加して、20名の選抜を待つのだという。2月26日の紙面は、優勝者を3年以内に欧米で行われる国際マラソン大会に派遣することが決まり、旅費1000円が支給されること。この派遣者は英語の理解力が必要であることを、追加発表している。また、2月27日の紙面では阪神間のコースが点描され、

一部集落内の道路は狭小だが、おおむね海岸近くの松林で風景は変化に富みすばらしいコースだと評している。

3月1日にはスタート地点が神戸旧居留地わきの東遊園地で、ゴールは大阪の新淀川西成大橋東詰めだと報じられた。同時期に発表された大会役員を見ると、9名の名誉顧問と24名の審判員で軍・官・学・民の大連携が実現していたことを示している。沿線では50名の医師の協力が約束されていた。大阪・神戸以外の広く全国から関心が寄せられていることも大阪毎日の紙面を飾っている。このような動きが影響してか、大会前日までに個人や企業から金時計や金の万年筆、銀の煙草入れなど続々と賞品提供の申し出があった。

この間、参加資格が18歳以上と改められ、申込み受理も数日延びて、結局、応募者総数は408名にのぼった。書類審査で保証人のない者や長距離走の経験不足などが多く見つかり、最終的に144名の正式申込みが完了し、全員の名が3月11日の新聞に掲載されている。そして、3月13日にはスタート地点の変更が公表される。すでに発表されていたコースでは距離がおよそ17マイル半しかなく、目標の20マイル（約32キロ）に近づけるために、出発点を湊川埋め立て地・川池《かわいけ》の東、つまり後の湊川公園の地に変えるということになった。これで走行距離は約19マイル半に延びている。

3月13日の中之島公会堂での体格検査には131名が受検して128名が合格した。翌14日、鳴尾関西競馬場での予選では、128名が32名ずつの4組に分かれて競走し、各組の5位までを本大会出場者、各組2名が補欠と決定された。当日の新聞で、全員の組分けも公表されている。顔ぶれを見ると、30歳1名、10代が4名で他は20歳代。2人の在郷軍人のほかは学生学校関係者が12人と、ほぼ主催者の目標が達成されている。予選の日の鳴尾関西競馬場には6万人の観衆がつめかけ、数十の出店がにぎわったと報道されているから、一般市民の関心もきわめて高かったことがわかる。

大会当日の3月21日は快晴で、午前9時に人々は、川池の東に集った。湊川神社の宮司が神社で祈祷をしたあと、神酒を持参して走者にふるまった。そして、11時30分33秒に神戸市の水上浩躬市長の合図で一斉にスタート。当日棄権した1名を除いて19名が決戦に臨んだ。

スタート地点のにぎわい（上）と走者（大阪毎日新聞 1909年3月28日付）

到着順	競走時間	職名	姓名	年齢
第一着	二時十分五十四秒間	岡山縣在郷軍人	金子長之助	二十七
第二着	二時十五分四十三秒間	姫路師範	小路五一	二十二
第三着	二時十五分五十五秒二分二間	徳島縣商業	富士谷彌平	三十
第四着	二時十六分三十四秒間	愛知縣知多教育會選手	長阪嶋三郎	二十四
第五着	二時十六分三十九秒間	東京高等師範	菅野新七	二十七
第六着	二時十八分三秒二分一間	兵庫縣在郷軍人	加嶋政義	二十六
第七着	二時廿一分八秒四分三間	神戸市學生	井上輝二	十九
第八着	二時廿一分四十六秒二分一間	京都醫科大學	野中良民	二十五
第九着	二時二十四分二秒間	愛知第一中學	古橋猶三郎	十八
第十着	二時二十四分十七秒間	岡山學生	福田加壽衛	二十二
第十一着	二時二十四分五十一秒間	愛知第一中學	林鎌次郎	十八
第十二着	二時二十五分四十秒間	愛知縣知多教育會選手	平林四三衛	二十七
第十三着	二時二十九分十一秒間	姫路師範	關口義夫	十九
第十四着	二時三十三分一秒間	大分師範	佐藤朗	二十五
第十五着	二時四十分二十九秒間	大分師範	東野丈夫	二十四
第十六着	二時四十一分十九秒二分一間	大阪府農業	宮脇淺次郎	二十九
第十七着	二時四十三分七秒間	大阪タイムス社	奥田茂平	二十四
第十八着	二時四十四分十秒間	茨城縣學生	關口吉雄	二十一
落伍		成蹊商業	佐野亥之助	二十二
中止		東京大學	土田新太郎	二十三

優勝した金子長之助と大会参加者の成績（大阪毎日新聞　1909年3月28日付）

走者は旧湊川跡を後の聚楽館前まで南下し、多聞通・元町本通を東進、旧居留地から磯上《いそがみ》・御幸《ごこう》・小野柄《おのえ》の各通りを走って敏馬神社前を通過した。旧浜街道を大石・新在家・東明《とうみょう》・御影・住吉・魚崎・深江・芦屋と走って、打出の東部で旧西国街道に合流し、西宮神社南側に至った。ここからは中国街道で武庫川や蓬川を渡り、出屋敷から入った尼崎の町を巽橋で出て梅田街道に入り、大和田を通過、稗嶋で新淀川につきあたって左折、北方の西成大橋に到着した。このコースを明治17～21年の参謀本部による地形実測図でたどろうとしても道路が続いておらず不可能だった。しかし、明治42～43年測図の陸地測量部の実測図では全コースを復元することができた。明治後期二十年間で阪神地域の道路が急速に整備されたことがわかる。なお、両図とも近世の浜街道を西国街道と明記している点は興味深い。

沿道には多くの応援があり、ゴール周辺では混乱に備えて150人の警察官が詰めていたという。

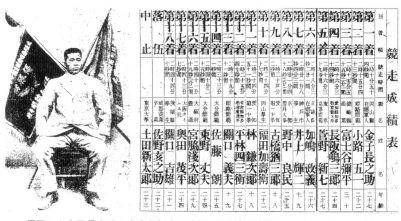

午後1時41分27秒に岡山から参加した在郷軍人、27歳の金子長之助がゴールイン、2時間10分54秒で優勝した。途中辞退した1名を除き、18人目のゴールインが2時14分43秒だったと記録されている。全員の成績は表の通りである。

決戦のあと表彰式をすませた一行は、大阪ホテルまでパレードし、その大広間で祝宴を開いて、大会を終えている。

この大会の走行距離は約19マイル半で、現在のマラソンの距離とは異なっている。しかし先述のようにこの大会は国際オリンピックでのマラソンの走行距離が42・195キロと確定される以前のことであったから、この大会を日本最初のマラソン大会と評価していい。しかも、この催しは海外にも伝達され、記録映像が活動写真館で上演され、記念絵はがきも好評だったから、本大会が日本でマラソンを周知にさせた功績も大きかった。

なお、応援に好都合な土地だったためか、西宮の人々の間でマラソン熱は著しく、同地ではその後、多くの団体がマラソン競走と称してイベントを催行したと主催者『大阪毎日新聞』は伝えている。

最後に、この調査に関して倉橋滋樹・佐々木良作両氏のご協力に謝意を表したい。

「日本マラソン発祥の地　神戸」碑
（神戸市役所前）

column

日本で最初に造られたオリーブ園

国営神戸阿利襪園《こうべおりーぶえん》

オリーブと言えば「小豆島」と頭に浮かぶ人は多いでしょう。ところが小豆島にオリーブが植えられる30年ほど前、1879（明治12）年に山本通（トアロード沿い）に国営神戸オリーブ園が造られ、日本初のオリーブオイル搾油に成功。フランス人にその出来を褒められたという記録が残っています。

明治政府が進めた殖産興業の一環として、海外産果樹の国内導入による将来の輸入抑制と、その先に輸出による外貨獲得を見据え造られた試験農園は、国内生産の可能性を実証した後、世界大戦後の混乱期をはさみ、どこにあったかも市民から忘れられた幻の園になってしまいました。

2003年、神戸大学学生と教授の共同研究で「神戸阿利襪園《おりーぶ》設置の経緯」という論文が発表されました。それから10年後の2013年に地元北野町で「国営神戸阿利襪園」をテーマとする講演会が開かれ、住

神戸オリーブ園想像図（宇津誠二画）

人は神戸オリーブ園の歴史を受け入れました。その後、歴史が二度と消えることのないよう、モニュメントを設置。シンボルとしてまちにオリーブを植え、オリーブを景観に取り込んだまちづくりを行っています。

現在、北野町・山本通には街路や公園だけでなく、お店の前、マンションの外構、個人宅の庭先にもたくさんのオリーブが植えられています。その数およそ500本。神戸の主要観光スポットを周遊するシティー・ループバスでは北野町のアナウンスで「北野坂にはたくさんのオリーブが植えられています。明治時代、北野町には日本で初めての国営オリーブ園が造られました」と紹介され、他府県からの来訪者にも神戸とオリーブを結ぶ歴史が知られるようになりました。

湊川神社のオリーブ樹
(2020年10月　中村成之氏撮影)

2018年には西区押部谷で、神戸オリーブ園の復活を目指し生産用オリーブが植えられ成長を続けており、近い将来オリーブによる新たな神戸ブランドも生まれるでしょう。

湊川神社には、神戸阿利襪園から移植されたと思われる樹齢およそ130年のオリーブの古木があり、保存を望む人々によって大切に育てられています。

(インターナショナルオリーブアカデミー神戸理事長・宇津誠二)

創立150年を迎えて

ＫＲ＆ＡＣ１５０年のレガシーとＤＮＡを守り継ぐ

～三木谷研一理事長インタビュー～

神戸レガッタ・アンド・アスレチック倶楽部（ＫＲ＆ＡＣ）が２０２０年９月23日に創立１５０周年を迎えることから、三木谷研一理事長は９月４日、ラジオ関西「田辺眞人のまっことラジオ」に出演して、田辺眞人園田女子大学名誉教授と対談を行った。これに続き、９月16日、ＫＲ＆ＡＣが日本のスポーツ振興に果たした歴史的な役割やその遺産、また、ＫＲ＆ＡＣが直面する問題や課題などについて三木谷理事長にインタビューを行った。

（聞き手　小坂節雄）

――近年、国民の間に人気を博しているサッカーやラグビーなど欧米スポーツの殆んどが、神戸や横浜の外国人スポーツ倶楽部を通じて我が国に紹介されたと思いますが、そんな中で、KR&ACが果たした役割は何だったのでしょうか。

三木谷理事長　やはり、KR&ACがもともと外国人中心のスポーツクラブだったことから生の情報が得られたことが大きく、スポーツ文化そのものを定着させるためのモデルとなっていったのでしょう。スポーツの精神、例えば、サッカーやラグビーの試合の後に――ラグビーの場合はノーサイドと言いますが――プレイヤー同士がクラブで一杯やりながら交流するといった土壌を育んだと思います。もともと日本にないスポーツですし、日本人は真面目なのでそんな文化はなかったと思います。クラブのような場所もなく、居酒屋でスポーツの話をするわけにもいかないので、そんな文化を日本人にもたらしたことは貴重なことだったと思います。

――近年、我が国でもボランティア活動が活発になってきていますが、元をたどればKR&ACにその起源があると言われています。具体的に教えていただけますか。

三木谷理事長　一つは創立者A・C・シムがもともと薬剤師であり、クラブでの活動以外にも居留地内の消防団長としてボランティア・ベースで活躍されていました。また、神戸以外での地域で地震などの自然災害が起こればボランティアで駆け付けたということを聞いております。それと、昔から基本的にＫＲ＆ＡＣの役員は無報酬でずっとやっているほか、毎月一回は必ずＧＣミーティングという理事会を開いて、しっかりと議事録も作成しています。これもやはりボランティア・ベースでされています。

　このような伝統を踏まえて、私も６月12日にはコロナウイルス禍と連日闘っている神戸大学医学部付属病院を訪問して、病院で働く皆様に感謝の意を伝えるためＫＲ＆ＡＣ特製のビーフカレー１００食を寄贈いたしました。

――ＫＲ＆ＡＣには現在でも外国人のメンバーがかなりおられますが、彼

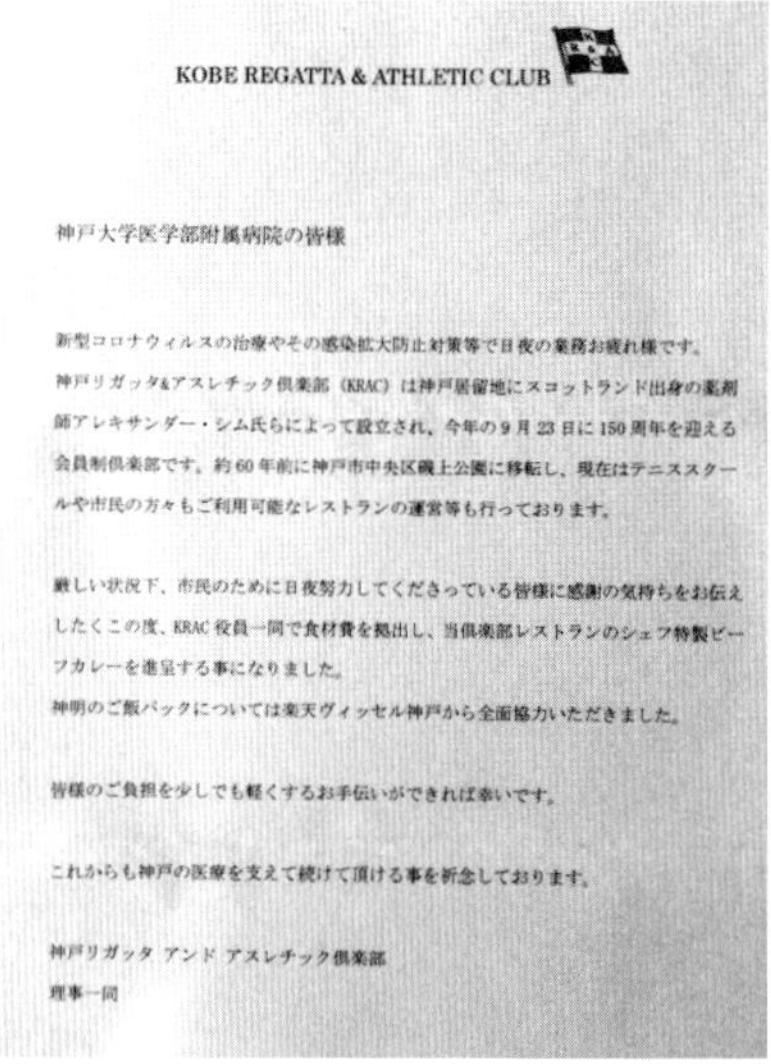

KOBE REGATTA & ATHLETIC CLUB

神戸大学医学部附属病院の皆様

新型コロナウィルスの治療やその感染拡大防止対策等で日夜の業務お疲れ様です。
神戸リガッタ&アスレチック倶楽部（KRAC）は神戸居留地にスコットランド出身の薬剤師アレキサンダー・シム氏らによって設立され、今年の９月23日に150周年を迎える会員制倶楽部です。約60年前に神戸市中央区磯上公園に移転し、現在はテニススクールや市民の方々もご利用可能なレストランの運営等も行っております。

厳しい状況下、市民のために日夜努力してくださっている皆様に感謝の気持ちをお伝えしたくこの度、KRAC役員一同で食材費を拠出し、当倶楽部レストランのシェフ特製ビーフカレーを進呈する事になりました。
神明のご飯パックについては楽天ヴィッセル神戸から全面協力いただきました。

皆様のご負担を少しでも軽くするお手伝いができれば幸いです。

これからも神戸の医療を支えて続けて頂ける事を祈念しております。

神戸リガッタ アンド アスレチック倶楽部
理事一同

藤澤神戸大学医学部長（右）に感謝の意を伝える三木谷理事長

らはＫＲ＆ＡＣでどのような活動をしているのでしょう。日本人との交流会のようなことはやっているのでしょうか。

三木谷理事長　外国人メンバーの夫人の多くが日本人ということもあり、通常の交流が行われています。また最近は、昼食時に外国人メンバーを招いて英会話コースを設け、日本人が外国文化を学ぶ一方で、逆に外国人講師の方は日本人の考え方や文化を知ることが出来る機会を設けています。これにより、自然な形で日常的に国際的な相互理解に貢献しています。

――三木谷さんが外国人クラブであるＫＲ＆ＡＣの理事長に就任された最初の日本人と伺いました。理事長に就任された理由をお伺いします。

三木谷理事長　13年前に勧誘されてＫＲ＆ＡＣに入会し、５年ほど前に請われて理事に就任したのですが、その時は、理事長にだけはなりたくないと思っていました。ところが、レストランのシェフが辞めてクラブの活力がなくなっていたことから、妻の協力も得て腕の良いシェフを何とか見つけ出してレストランを再開しました。また、支配人も一流ホテルから転職希望者を紹介されクラブの運営が軌道に乗り始めたことから、理事長に推挙されてしまったみたいです。

――三木谷さんが副会長を務めておられるヴィッセル神戸とＫＲ＆ＡＣとの間には特別の関係があるのでしょうか。

三木谷理事長　それは、ＫＲ＆ＡＣ自体が日本のサッカー普及に貢献していることにあると思います。ＫＲ＆ＡＣと横浜のクラブであるＹＣ＆ＡＣとのインターポート、港町ダービーのサッカーの試合が日本最初の公式戦の都市間サッカーと言われています。また、直接的にはヴィッセル神戸はかつてＫＲ＆ＡＣと契約を結んでいたことがあるほか、ヴィッセル神戸の下部組織Ｕ12チーム（小学生クラス）が、毎週金曜日に磯上公園でサッカーの練習をやっており、練習後には食育の観点からクラブハウスで食事をしっかりとるようにしています。このようにヴィッセル神戸にとってもまた、ＫＲ＆ＡＣはなくてはならない存在です。

――神戸市の中心に立地しているわけですが、阪神・淡路大震災の際にはいろいろと神戸市のために貢献されたと聞いていますが、地域貢献についてのお考えをお聞かせください。

三木谷理事長　日本は地震大国ともいわれ、台風の被害も多く、特に神戸は水害の多い地域と言われています。非常事態の場合には市民や市に協力するのは当たり前であり、阪神・淡路大震災の際には神戸市の市庁舎が半壊してしまったことから、クラブハウスの2階を市に提供し、市民のために罹災証明を発給していたと聞いています。これもＫＲ＆ＡＣの

ＤＮＡの一つであると考えています。

――青少年の育成のために様々な活動を行っていると聞いていますが、具体的に教えてください。

三木谷理事長　一つはテニスアカデミーという形で青少年にテニス指導を行っています。もう一つは、毎年末、草場先生という方と一緒にチャリティ・フットサルを開催し、子供たちにも楽しんでもらい、収益金を寄付するというボランティア活動を行っています。

――ＫＲ＆ＡＣ創立１５０周年を迎え、将来に向けて理事長としての抱負をお聞かせください。

三木谷理事長　理事長として活動しているうちに、次第にＫＲ＆ＡＣ創設者のアレクサンダー・シムさんをはじめ創設メンバーの思いを考えるようになり、このままクラブを衰退させるわけにはいかないという思いを強くしています。このため、クラブに理解を示していただける周りの方々の支援も得ながら、クラブの活性化に努めているところです。先ずは老朽化したクラブハウスの修繕を行い、市民の方々に開放することはもちろんですが、クラブメンバーがメリットを感じ取れるような、居心地のいいクラブにしていきたいと考えています。

ＫＲ＆ＡＣ創立１５０周年　記念植樹式を開催

小坂　節雄

２０２０（令和２）年9月23日、よく晴れ上がった秋空の下、井戸敏三兵庫県知事と久元喜造神戸市長をお迎えして、東遊園地にあるシム記念碑の前で創立１５０周年を記念して植樹式が開催されました。ＫＲ＆ＡＣ顧問や会員の方々に加え、神戸倶楽部と神戸ゴルフ倶楽部両理事長、さらに、横浜からはわざわざＹＣ＆ＡＣ代表が駆けつけてくださり、コロナ禍の渦中にあって参加者を制限せざるを得なかったものの、１５０周年記念に相応しく盛大な記念植樹式となりました。また、その模様はＮＨＫやサンＴＶで放映されたほか、神戸新聞にも報じられました。

植樹式の冒頭、三木谷研一理事長からは次の通

150 周年を記念して行われたオリーブの植樹（東遊園地）

りの挨拶を行い、ＫＲ＆ＡＣが我が国スポーツの普及に果たした役割とＫＲ＆ＡＣの将来に対する展望を披瀝しました。

井戸兵庫県知事、久元神戸市長、ＫＲ＆ＡＣ顧問の方々、皆さま、ご参集いただきありがとうございます。神戸倶楽部会長、神戸ゴルフ倶楽部理事長、関西ハイランドゲームズまた横浜からはＹＣ＆ＡＣ中島様にお越しいただきありがとうございます。

天上のＫＲ＆ＡＣ創設者アレキサンダー・シムさんはじめ多くの過去の関係者も今日の１５０周年を無事迎えることができたことを、きっと喜んでいると思います。ＫＲ＆ＡＣは、多くのスポーツの日本国内での普及や発展に初期段階から重要な役割を担って来ました。今夜もノエビア・スタジアムでヴィッセル神戸対サガン鳥栖とのＪ１リーグ戦が行われますが、１８８８年に行われたＫＲ＆ＡＣと横浜の兄弟倶楽部ＹＣ＆ＡＣとのインターポートが国内初の都市間サッカー公式戦であるとされています。創設メンバーのアーサー・グルーム氏がＫＲ＆ＡＣ倶楽部ハウスから六甲山を眺めながら、あそこにゴルフ場を作ったら高齢会員の退会防止策になるかも知れないと言って造ったのが日本初のゴルフ倶楽部である神戸ゴルフ倶楽部とも伝えられています。

現在、１５０周年記念事業として１５０年史の出版準備を進め、また、磯上の倶楽部ハウスの改修も進めております。10年後、25年後にはまだ細いオリーブの木が太くなり、より多くの市民に愛される倶楽部となれる様にＫＲ＆ＡＣ役員、会員、スタッフ一同一致団結して今後も努力して参ります。皆さまからも今後一層のご支援を賜りますよう、どうかよろしくお願い申し上げます。

次いで井戸敏三兵庫県知事から、ＫＲ＆ＡＣが神戸の港とともにあったことに鑑み、今後とも神戸の発展を担えるように歩んでほしいとの力強い励ましの言葉を頂き、１５０周年を祝した知事自作歌一首「居留地とともに歩んで１５０年　新たな時代創る伝統」を賜りました。井戸知事の祝辞は次の通りでした。

ＫＲ＆ＡＣが本日創設１５０年を迎えた。１５０年というと、一昨年（おととし）兵庫県が１５０周年を迎えた。居留地が出来てもう１５０年以上経ったが、この居留地にいた外国人の社交と体を鍛えるためのスポーツの場としてＫＲ＆ＡＣが作られたものである。ある意味、神戸の港とともに歩んでこられた。そういう歴史と言える。さて、これからの１５０年、どうなるかということについてはなかなか見通せないが、やはり神戸の発展とともにＫＲ＆ＡＣもその発展を担っていける存在であって欲しいし、実際にそうなる存在であると信じている。ＫＲ＆ＡＣの新しい門出を心より祝する。

次に、久元喜造神戸市長から祝辞を頂きました。以下にその概略を紹介します。

本日、各界を代表する方々の参集を得て式典が開催されたことに祝意を表したい。三木谷理事長より説明があった通り、サッカー、ラグビー、レガッタなど様々のスポーツが先人たちにより神戸にもたらされて日本に普及した。本日植樹されるオリーブの木も神戸で最初に植えられたものである。スポーツや文化の交流などに貢献された多くの先人は神戸で生涯を終えられ神戸で葬られた。KR&AC創設者のアレキサンダー・キャメロン・シムさんもそのうちの一人で、外国人墓地で葬られている。自分はたまに外国人墓地を訪れることがあるが、その外国人墓地は現在、神戸市公園部によって大切に管理されている、歴史を振り返れば神戸はスペイン風邪、戦災や大震災など多くの苦難に遭いながらも試練を乗り越えてまち作りを進めてきた、現在、コロナ禍の渦中にあるが同じように立ち直ることと確信している。このような中で市民は内に閉じこもるのではなく、外に出てスポーツに親しむことも大事である。KR&ACについては今後ともスポーツの振興と国際交流に貢献していただくよう期待している。現在、HAT神戸前の海岸でレガッタ場復活の構想を練っているが、KR&ACとも相談していきたい。

来賓挨拶の後、以下に名前を記す方々とともに記念植樹式が二班に分かれて行われた。

その間、創設者シムの故郷であるスコットランドの民謡「故郷の空」が演奏された。また、式典のフィナーレとしてスコットランド民謡「蛍の光」が演奏された。

◎記念植樹式参加者
・井戸敏三（兵庫県知事）
・久元喜造（神戸市長）
・三木谷研一（ＫＲ＆ＡＣ理事長）
・島山清史（兵庫県議会議員）
・吉田謙治（神戸市会議員、ＫＲ＆ＡＣ顧問）
・道満雅彦（オリバーソース社長、ＫＲ＆ＡＣ顧問）
・ペーター・フィリップス（神戸倶楽部理事長）
・大井としひろ（神戸市会議員、ＫＲ＆ＡＣ顧問）
・五島大亮（神戸市会議員、ＫＲ＆ＡＣ顧問）
・諫山大介（神戸市会議員、ＫＲ＆ＡＣ顧問）
・フリッツ・レオンハート（神戸ゴルフ倶楽部理事長）
・吉井満隆（神戸経済同友会代表幹事、ＫＲ＆ＡＣ顧問）
・上谷佳宏（東町法律事務所代表、ＫＲ＆ＡＣ顧問）
演奏者：津村美妃（サクソフォン）
司会：谷本雅彦（ＫＲ＆ＡＣ理事）
その他、関西ハイランドゲームズ関係者、ＫＲ＆ＡＣ理事、会員、顧問等。参加者は30名。

満埜、2020　Dec

神戸をもっと強く

楽天株式会社代表取締役会長兼社長・ＫＲ＆ＡＣ特別顧問　三木谷 浩史

神戸レガッタ・アンド・アスレチック倶楽部（ＫＲ＆ＡＣ）の創立１５０周年を心よりお祝い申し上げます。

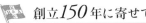

私は楽天を通じてプロ野球に参入するとともに国際テニス大会（ＡＴＰ）を主催し、また、神戸をホームグラウンドとする「ヴィッセル神戸」の運営を行っておりますが、内外に広くスポーツを展開するそのルーツを自分なりに探ると意外にもＫＲ＆ＡＣに負うところが大であるように思います。

若い頃、神戸ローンテニス倶楽部でテニスに熱中したことがありますが、同倶楽部は元々ＫＲ＆ＡＣの創立者たちなどによって創られたものであり、その創立の理念もＫＲ＆ＡＣと同じであったと思います。ＫＲ＆ＡＣは創立以来、レガッタをはじめマラソンやサッカーあるいはラグビーなどの多彩なスポーツを神戸を中心に広め、関西のスポーツのメッカとして若きスポーツマンの育成に多大の貢献を行いました。また、東京や横浜のチームとの東西対抗戦なども積極的に支援・推進し、日本のスポーツの発展に重要な役割を担ったといっても過言ではないと思います。私は神戸ローンテニス倶楽部やＫＲ＆ＡＣといった国際性豊かな伝統を持った神戸の街で育ったことを大変誇りに思っております。

このような事情もあり、私は２０１８年に神戸市と連携協定を締結し、神戸市の未来を担う若い人材の育成のお手伝いをしております。スポーツの振興もこのための大きなツールと考えており、今後はヴィッセル神戸はもちろんのことＫＲ＆ＡＣなどとの協力を通じて、少しでも神戸の未来を担う若者の育成に尽くして行きたいと考えております。

スポーツ文化の礎を築いたクラブ

公益財団法人日本サッカー協会会長　田嶋　幸三

神戸レガッタ・アンド・アスレチック倶楽部創立150周年にあたり、心よりお慶び申し上げます。

兵庫県サッカー協会の会長でもある三木谷様よりお話をお伺いし、この神戸レガッタ・アンド・アスレチック倶楽部に大変興味を持ちました。クラブの歴史に驚くとともに、頭に浮かんだのは、現在本田圭佑選手が所属しているボタフォゴＦＣ（ブラジル）のことでした。

ボタフォゴＦＣは、ブラジルカップ優勝、ブラジル全国選手権にも優勝した、リオデジャネイロを拠点とする名門サッカークラブです。１８９４年にレガッタクラブとして発足し、１９０４年にフットボールクラブが設立されて、現在のような南米を代表するクラブとなりました。

神戸レガッタ・アンド・アスレチック倶楽部の創設は１８７０年ですから、そのボタフォゴクラブよりも長い歴史があります。日本が明治維新を迎え、横浜、神戸に西洋の文化が入ってきた文明開化の時代に「スポーツクラブ」としてスタートした歴史と伝統を感じずにはいられません。

神戸は、神戸一中や御影師範学校、神戸FCと、日本のサッカーの黎明期を飾ったクラブが多くある地です。その礎を築いたのが、神戸レガッタ・アンド・アスレチック倶楽部ではないかと想像しました。日本に先駆けて西洋の文明が入り、そして〝スポーツ文化〟が根付いた神戸。その神戸をホームタウンとするヴィッセル神戸が今年1月、天皇杯JFA第99回全日本サッカー選手権大会で初優勝を遂げました。ヴィッセル神戸の誕生と急成長の陰に、150年を超えてスポーツ文化を築いてきた神戸レガッタ・アンド・アスレチック倶楽部の存在があったことは、紛れもない事実ではないでしょうか。

神戸レガッタ・アンド・アスレチック倶楽部には、次の50年、100年に向け、地元神戸に根ざしたスポーツクラブであり続けてほしいと願っています。貴クラブの益々のご発展を祈念しております。

長い歴史を有する神戸の両クラブをつなぐ

神戸ゴルフ倶楽部理事長　フリッツ・レオンハート

三木谷理事長はじめＫＲ＆ＡＣの皆様、創立１５０周年おめでとうございます。本日は神戸ゴルフ倶楽部の理事長ということで祝典に参加させてもらいました。神戸ゴルフ倶楽部は歴史の長さについてはＫＲ＆ＡＣほどではありませんが、ゴルフ倶楽部としては１１７年の歴史を有する日本一古いクラブです。

実は私は長い間、ＫＲ＆ＡＣのメンバーでした。今回の式典に参加して懐かしかったのは、自分がメンバーになった時、クラブハウスはまだあの東遊園地にあったからです。そこでジュニアメンバーとなり、東遊園地の公園でスポーツもしました。毎年、ＫＲ＆ＡＣのメンバーになりまして野球とかサッカーもしました。そういう時がありまして本当にＫＲ＆ＡＣが大好きになりました。

大体、神戸に来た外人は自動的にＫＲ＆ＡＣに加入することとなっており、スポーツを楽しむ場所もいっぱいありました。当時、外資系の船会社や銀行は母国からのスタッフも多くスポーツを楽しんでおりました。アメリカ系の方は野球をヨーロッパ系の方はサッカー、ラグビーなどをしていました。

ただ、10年か20年前、KR&ACではややこしい時期があり、このままでは私の愛したKR&ACで無くなることが悲しくなり辞めることにしました。今朝の三木谷理事長の挨拶で神戸ゴルフ倶楽部の話が出ましたが、おそらく、当時は神戸ゴルフ倶楽部の外国人会員のほとんどはKR&ACの会員であったと思います。そういうことで両倶楽部の間では長い付き合いがあり、戦後、今から50年ほど前からですが、神戸ゴルフ倶楽部の外国人と日本人との間でコンペを行うということが始まり、その後、KR&ACの外国人メンバーが減ったことから神戸倶楽部のメンバーが加わり、六甲山でゴルフをした後、神戸倶楽部でディナーを開くということが今なお続いています。ということで、神戸ゴルフ倶楽部は今後ともKR&ACとの緊密な関係を続けてまいりたいと考えております。

（2020年9月23日KR&AC創立150周年式典でのスピーチ、於クラブハウス）

KR&ACは魅力的で輝く場所

オリバーソース株式会社社長・ＫＲ＆ＡＣ顧問　道満　雅彦

私は長らく海のスポーツ、レガッタにかかわっておりました。レガッタといっても８人乗りのナックルエイト（Knuckle Eight）というもので、自分は艇長であったためそれ程漕ぐことはありませんでした。現在、ＨＡＴ神戸の二箇所でレガッタを始めておりますが、今後、ＨＡＴ神戸運河で定期的に行われるようになることを期待しております。本日は神戸市会議員の方もいらっしゃいますのでご支援を賜り、レガッタが神戸市民の間に認知され、人気を博することを願っております。

１９６７年と１９６８年、ＫＲ＆ＡＣクラブハウスをよく訪ねましたが、マリストブラザーズやカナディアンスクールの学生たちがよく来ていました。また、ダンスパーティーが開かれ、クラブハウスに来ることは楽しく、大いなるステータスでもありました。ＫＲ＆ＡＣは神戸で最も魅力的で輝く場所でありました。

このクラブＫＲ＆ＡＣは明治３年の１８７０年に創設され、その後、ここに移りました。このクラブは日本で最初にインターポートマッチを行ったことから、当然、サッカーの歴史においても重要です。

私はかつてKR&ACの会長でオリバー・エバンス社社主でもあったカンパネラ氏(Mr,Campanella)をよく存じております。この会社はレモネードを扱っていましたが、私どものソースも扱っておりました。わが社は英国の会社よりライセンスを得て私どものソースを販売しておりました。

このようにわが社はKR&ACとつながりがあったわけです。今後ともクラブが長く存続し、願わくばクラブハウスも建てかえられて、神戸の善男善女が集まる素晴らしい場となることを祈念します。

(2020年2月22日KR&AC顧問会議でのスピーチ)

国際スポーツ交流の窓口としてさらに発展を

神戸市会議員・KR&AC顧問　大井としひろ

私と神戸レガッタ&アスレチック・クラブ（KR&AC）との出会いは、おおよそ五十年前、私が三菱重工業株式会社神戸造船所に入社した頃にまで遡ります。

大阪府高校サッカー大会で準優勝し、大阪代表として全国大会に出場した事もあり、当時の関西リーグ強豪の三菱重工神戸フットボールクラブにあこがれて三菱重工社に入社しました。当時、サンテレビの「ダイヤモンドサッカー」を岡野俊一郎氏が解説され、ベッケンバウアーやペレのプレーを食い入るように見ていました。この番組のスポンサーが三菱重工でした。

三菱重工神戸FCは、兵庫県下でトップチームでしたので強豪外国人サッカークラブ「KR&ACフットボールチーム」と何度か磯上のグラウンドで親善試合をしました。KR&ACチームは、欧米の長身重量級の選手が多く、フェイントで抜いたと思っても長い脚が伸びてきて苦戦したことを覚えています。（大リーグで活躍していますダルビッシュ・有投手の父上ファルサ・ダルビッシュ氏もKR&ACのサッカー選手でした。）試合が終わるとKR&ACのクラブハウスの2階で、両チームの選手が和気藹々とした雰囲気の中、サイダーで割ったビールを飲みながら談笑するのが試合後の楽しみでした。

もう一つ楽しみがありました。それはクラブハウスの2階から見えるKR&ACのテニスコートでテニスに興じるご婦人方の様子を見ることでした。ミニスカートのテニスのコスチュームを身にまとった八頭身のご婦人方がテニスをする様子に、目が点になったことを今も鮮明に覚えています（苦笑）。

その後三十数年が過ぎ、神戸市会議員に49歳で初当選をし、議員の立場でKR&ACについてサッカーを通じて色々ご相談を頂き、今から13年前に神戸市会の本議会場でKR&ACについて質疑を行いました。その時に参考にさせて頂いたのが、当時芦屋高校の髙木應光先生が執筆されました『神戸スポーツはじめ物語』でした。

その後も事ある毎にKR&ACの支援について、神戸市当局にお願いをしてきました。2015年9月25日の神戸市会本会議場では、会派を代表して代表質疑を行い、以下のような要望をいたしました。

「国際観光都市神戸の国際スポーツ交流の窓口でもある神戸レガッタ&アスレチック・クラブは、サッカーをはじめ、ゴルフ、ラグビー、クリケット、レガッタ、テニス、ボクシング、フェンシングなど、西欧発祥の多くのスポーツを神戸から日本全国に広める役割を果たしてきました。また、演劇や音楽会、ダンスパーティなども開催されてきました。現在の東遊園地にあったレクリエーション・グラウンドは、1962年に磯上公園へ移転するまで、およそ90年間、神戸はもちろん、関西におけるスポーツのメッカとなっていました。

当クラブも磯上公園に移転後53年が経ち、施設の老朽化が進んでいます。神戸市と長い間培ってきた諸外国との国際交流に資する見地から、誠意ある対応で、建物やグラウンドのリニューアル等の後押しをすることが、開港150年を迎えた神戸市のできうる真の国際交流だと考えます。また、現在進められている三宮周辺地区の再整備基本構想では、神戸らしさが議論になっています。この構想では、外国人同士が交流できる拠点を作ると提案されているようですが、当クラブはまさに外国人のハブとしての役割を果たす施設になるかと思います。」

7年前には、オールブラックスの伝説的選手であるジョナ・ロムー選手（写真右、中央は私）をはじめメンバーがKR&ACの招きでこの施設を訪れています。その時は、2019年にはラグビーワールドカップも開催される。これから、このクラブを色々な意味でうまく使っていただきたい、と要望したのがついこの前の事のようです。

余談ですが、奇しくも三菱重工業株式会社も明治3年閏10月18日に岩崎彌太郎氏が当時の商号「九十九《つくも》商会」を立ち上げ、三菱重工社も今年で創立150周年を迎えます。

１８７０（明治３）年9月23日オリエンタルホテルにて、モース議長の下、アレキサンダー・キャメロン・シム氏をはじめ31名が出席し、各種議案が審議・可決され神戸レガッタ&アスレチック・クラブ（ＫＲ&ＡＣ）が正式に発足しました。

シム氏の母国、英国と時を一にしてスポーツクラブが創設され、ボートハウス、ジム・体育館（クラブハウス）は、スポーツだけでなく音楽、演劇、ダンスなどが出来、さらにはバーまで設けられていました。そして、様々な親睦的・社交的活動、ボランティアなどの社会的な活動や行事を実践するＫＲ&ＡＣの活動こそが、１５０年の間、シム氏達の思い・ロマン・夢を実践してきた歴史でもあります。

１５０周年を機に、外国人移住者やスポーツ関係者の皆様の国際スポーツ交流の拠り所として、ＫＲ&ＡＣが益々発展されん事を願って、創立１５０周年に寄せての寄稿文といたします。

神戸レガッタ・アンド・アスレチック倶楽部との思い出

元明治大学ラグビー部　加島　裕世

神戸レガッタ・アンド・アスレチック倶楽部の創設150周年にあたり此の倶楽部の顧問をしておられる高校時代からの友人から、KR&ACとの何か思い出をとのお話がありましたので、今はもう正式なクラブとして存続されておられないラグビー部の事を、昔を思い起こしながら少し紹介させて頂きます。

先ずは私事からになりますが、私は1965（昭和40）年に県立兵庫高校に入学と同時にラグビーを始めました。当時ラグビーは全くのマイナーなスポーツで競技人口も少なく、試合が出来る競技場も限られていました。ほとんどが学校のグラウンドでしたが、学校以外では、神戸市内で唯一、磯上公園グラウンドだけでした。土の硬いグラウンドでしたが、大事な試合を何度も此処で行った記憶があります。

高校卒業後、私は明治大学体育会ラグビー部に入部しました。全国の強豪高校から集まっているだけあり最初はレベルの違い過ぎに驚きましたが、何とか3年生からレギュラーになる事が出来，秩父宮ラグビー場のグラウンドに立つ事も出来ました。

卒業時に社会人ラグビー部のある数社の企業から入社のお誘いがありましたが、大学の4年間でレギュラー争いに全精力を使い果たした感があり、すべてお断りして神戸に戻り一般企業に入社しました。ラグビーの方は神戸クラブというクラブチームに参加し、趣味として楽しんでやるラグビーを選択しました。１９７２（昭和47）年の事です。

この頃の兵庫県のラグビーのレベルはかなり低く、神戸製鋼も現在のようにまだ強くはなく、我々が常に試合には勝っておりました。この神戸クラブは古くから存続していて歴史のあるクラブチームですが、それよりも古くから存在していたと思われるのがＫＲ＆ＡＣのラグビーチームで、我々は神戸外人クラブと呼んでおりました。

我々神戸クラブと神戸外人クラブ、それと神戸のお医者さん達で構成されたドクターズクラブも交え、磯上グラウンドでよく試合をしました。

当時の神戸外人クラブのメンバーは殆どがイギリス系の方達だったと思いますが、母国でも本格的なラグビー経験のある方は少なかったと思います。しかし試合では勝敗に拘り、ファイティング・スピリッツ丸出しで挑んで来て、時には少しラフプレーもありました。ある試合で私がモールで倒れていた時に馬鹿でかいスパイクシューズ裏が迫って来て、顔面をかなり強く踏んづけられて、顔に出来たスパイクの無残な傷跡が4か所何日も消えなくて笑われていたような出来事を思い出します。

後年、神戸外人クラブで試合メンバーが足りない時に、私がそのメンバーに入り何試合か一緒にプレーをしました。その時は完全にＫＲ＆ＡＣの仲間と全く同じ扱いをして頂き、試合後クラブハウス内のシャワールームもご一緒しました。狭い湯舟に皆で入り素っ裸ではしゃぎ合い唯一日本人の私によく悪戯をされたものです。試合後の相手チームとの交歓会も非常に楽しいものでした。

今思い返すと当時のＫＲ＆ＡＣのラグビー部メンバーは，試合では闘争心むき出しで激しいプレーをする反面、試合が終わればとても陽気で楽しく、フレンドリーで非常にジェントルでした。正にラグビーのノーサイド精神そのものでした。

今年３月に数十年振りに磯上公園へ行き、ランチにＫＲ＆ＡＣのレストランで懐かしいグラウンドを眺めながらステーキの乗ったドライカレーを大変美味しく頂きました。

クラブハウス２階のパーティールームで高校時代の同窓会をやりたく予約に行ったのですが、新型コロナウイルスの影響で延期になりましたので、コロナ終息を心待ちにしています。

神戸レガッタ・アンド・アスレチック倶楽部創設から１５０年、色々お聞きしますと素晴らしい歴史の数々、今後の一層のご発展を心よりお祈り致します。

KR&AC ラグビーチームが神戸の若きラガーを鍛えた磯上グラウンド

神戸レガッタ・アンド・アスレチック倶楽部　年譜

1870年	9月20日	A・C・シム、レガッタ・アンド・アスレチック倶楽部設立の会合を持つ
	9月23日	KR&AC、正式に創立
	12月24日	ボートハウスの新築とクラブハウス落成式を祝い、第1回レガッタ開催
1871年	3月29日	第1回年次総会
		第1回神戸―横浜インターポート・レガッタ（於：横浜）
1873年	5月	神戸―長崎インターポート・レガッタ（於：長崎）
1875年	8月19日	日本と列強9カ国間でレクリエーション・グラウンド（「内外人共通のレクリエーションのために永久信託された」）造成を調印
1876年		レクリエーション・グラウンド（以下、東遊園地）造成完了
1878年		新体育館、KR&AC及び関係当局の承認により東遊園地の東南角へ移転
		「KR&AC会議録」出版
		台風によりクラブハウス・ボートハウスともに破壊される
		クラブハウス再建、小野浜の借地に新ボートハウス建設
		小野浜のボートハウス借地を購入
1899年	7月17日	治外法権の終了（居留地の解消）
		小野浜の土地及びボートハウスを売却、敏馬に新しい土地を購入

1900年	11月28日	A・C・シム死去
		敏馬のボートハウス建設
1923年	9月1日	関東大震災
1925年		デイビッド・H・ジェームスが会長に就任
1926年		旧クラブハウス解体
1927年	11月18日	新クラブハウスオープン
1928年	6月9日	神戸―上海インターポート・レガッタ（於：敏馬）
1940～41年		敏馬のボートハウス及び土地を売却
		深江浜に土地を購入
		深江浜にボートハウス及びクラブハウス建設の許可を得る
		深江浜の新施設完成
		当局から新施設の使用不可の通知、これに伴い土地及び施設を売却
1941年	12月8日	（日本時間）太平洋戦争勃発、警察がクラブを閉鎖
1942年	1月12日	条件付でクラブ再開を許可
1943年		夏季用に元・塩屋クラブの施設をアシャーソン夫人から借用
1944年	1月	日本軍、クラブハウスを接収
		諏訪山で家屋を借用
		北野町のC・ホルスタイン邸を購入
1945年	3月17日	空襲により神戸の大半が壊滅
		ホルスタイン邸、クラブハウスも破壊される
	3月	本部を夏季用の元・塩屋クラブに移転
	7月10日	日本海軍当局が元・塩屋クラブを接収、以後クラブの活動中止
	8月	日本降伏、連合軍の占領開始、日本海軍が塩屋を明け渡す

	9月	東遊園地への復帰が許可される
		台風被害が甚大なためクラブ再開を延期
	10月6日	KR&AC、塩屋カントリークラブのビーチハウスにて再開
1949年		東遊園地のテニスコート、使用許可される
1951年	9月8日	サンフランシスコ平和条約の調印
1952年	4月28日	連合軍の占領終了
	6月12日	加納町のクラブハウス、アメリカ軍から返還される
	6月30日	東遊園地、アメリカ軍から神戸当局へ返還される
	8月	戦争により破壊されたクラブハウスの修復・改装を開始
1953年	2月14日	クラブハウス、正式に再開
1954年	12月	神戸市からテニスコート明け渡しの通知
1955年	7月2日	磯上公園の新テニスコート使用可能
	12月	神戸市、クラブに東遊園地修復の寄付10万円を要求
1956年	8月	神戸市、東遊園地ノ使用料一覧をクラブに通知
		垂水漁協へ「補償」支払い
		神戸市設定の東遊園地使用料の有効性について関係当局で取り上げるよう国際委員会へ請願
1957年		神戸市から加納町拡張工事によるクラブハウス移転の意向打診
1959年	8月	日本政府から戦争被害補償要求の決定が届く
1961年	12月27日	臨時総会で委員会提案（クラブハウス移転に関し神戸市の条件を受け入れ新クラブハウスの磯上公園への移転）を承認
1962年	2月6日	クラブハウス移転について市当局と正式に調印
	7月7日	磯上公園の新クラブハウス落成式

1964年	9月	フィル・カンパネラ氏によってＫＲ＆ＡＣを拠点にボーイスカウト活動が始まる
1970年	9月23日	神戸外国人墓地内のＡ・Ｃ・シムの墓前にて１００周年記念式典を開催、参加者25名
	11月21〜23日	１００周年記念行事として自動車レース、運動会、パーティーを開く
1971年	1月	ハロルド・ウイリアムス著『ＫＲ＆ＡＣ最初の１００年』刊行（ＫＲ＆ＡＣ発行）
	8月	屋外プール設置委員会設立
1977年		ベトナム難民への支援活動として衣類及び旅行カバンの寄贈。バーベキューに招待、参加者80名
1978年		磯上公園での盆踊り大会開催がこの年に始まる。神戸阪神ライオンズクラブとの共催
1980年		日本人が準会員として記録される。当初11名、会員総数５２１名
1986年		屋外プール設置案断念
1995年	1月17日	阪神・淡路大震災発生
		地震後、神戸市はＫＲ＆ＡＣクラブハウス２階を罹災証明書の発給事務所として活用
2006年	9月	神戸市役所にて「ＫＲ＆ＡＣ写真・資料展」開催
2009年	11月28日	藤井さちこ、都志見敦子氏の二人で「シムさんのファンクラブ」を結成。命日に献花
2013年	5月11日	第１回「シム・マラソン」を摩耶山にて開催、参加者２００名
2015年	11月	ＫＲ＆ＡＣテニスアカデミー創設。キッズ、ジュニア、一般、レディー

		ス、シニアと幅広い年齢層が対象
2016年	9月23日	KR&AC創設146周年記念パーティー開催
2017年	5月26日～6月18日	KR&AC写真展「神戸と外国のスポーツ物語」開催（於：クラブハウス）
	6月4日	講演：髙木應光「KR&ACの歴史とその意義」、フリッツ・レオンハート「KR&ACの思い出」
2018年	4月14日	AEDセミナー（救急救命士講習会）開催、受講者7名
2020年	2月22日	KR&AC「顧問会議」開催
		KR&AC150周年記念誌の出版を決定
	6月2日	コロナ禍と闘う神戸大学付属病院の医療従事者に倶楽部レストラン特製ビーフカレー100食を進呈（ヴィッセル神戸の支援も得た）
	7月	クラブハウスの修理などのために神戸新聞「エールファンド」にクラウドファンディングを創設
	8月	クラブハウスの修理に着手し、9月に完工
	9月23日	東遊園地のアレキサンダー・シム碑の前にてKR&AC150周年記念植樹式典を開催。オリーブを植樹、参加者30名
	11月6日	KR&ACを神戸フィルムオフィスの「ロケ候補地」に登録
	12月1日	磯上公園内施設設置許可満了の通知が神戸市公園部管理課長名で接到
	12月10日	磯上公園内施設設置許可の副申書発出を神戸市市長室長に要請
		理事会は在大阪・神戸外交団との関係強化を決定

スポーツ文化を通じた国際交流と青少年の育成
―ＫＲ＆ＡＣの活動概要―

◇ＫＲ＆ＡＣの活動方針

１９９５年1月の淡路・阪神大震災の影響などによる神戸居住の外国人の数の減少と、会員の高齢化などによりクラブの会員数は減少の一途をたどっていたが、近年は日本人の加入が少しずつ増えてきたことから、現在の会員数は85名となっている（２０２０年8月現在）。クラブの運営主体である理事会は、本来は外国人を主体とした外国人のためのクラブだったが、最近の日本人メンバーの増加と地域との交流や地域への貢献が重要性を増していることから、神戸市内の青少年の育成に主眼を置いて活動を展開している。また、地域との交流を深めるとの観点から、クラブハウスのレストランを5年ほど前から広く地域に開放している。

クラブとしては２０２０年9月23日に創立１５０周年を迎えることから、この機会に改めて創立の理念に立ち返るとともに、地域への貢献と神戸の青少年の育成を目指した活動を展開することとしている。

◇地域への貢献に向けた活動

1995年の淡路・阪神大震災の際に、神戸市役所の庁舎が一部使用不能となったことから、クラブハウスを被災者の罹災証明書の発給事務所として活用して頂いた経緯がある。KR&ACとしては将来、同じような大規模災難が発生した際には、神戸市民のためにクラブハウスやテニスコートなどを開放し、市民の用に供したいと考えている。

◇青少年の育成に向けた活動

（1）テニスでは、KR&ACテニスアカデミーとして、中央区始め神戸市内や近隣市内の小中高生の子供たちを対象とした約100名に指導を行っている。指導レベルも高く兵庫県内の大会でも上位の成績を収める選手もいるという。今後とも、地域貢献の一環として維持・発展させたいと考えている。

（2）フットサルについては毎週木曜日に有志が集まって練習に励んでいる。さらにフットサルやバスケットボールは、YMCAなど外部団体に体育館を貸すかたちで青少年の育成に貢献している。

（3）食育が神戸市の青少年育成政策の重要な柱として進められていることに鑑み、J1ヴィッセル神戸のU12チームの所属選手たちに毎週金曜日の夕方、磯上グラウンドで練習した後、クラブハウス2階で専属シェフに暖かい食事を提供してもらう形で食育を数年来行っている。この結果、年少選手の体格、体力向上に大きく貢献している。

◇国際交流の推進

ＫＲ＆ＡＣは１５０年前の創設以来、スポーツのみならず演劇などの公演を通じて、広く関西に住む外国人との文化の交流にも尽力してきた。２年前からは英語会話サークルを設け、ランチタイムには日本語と英語を使って外国の人々との交流を図っている。日本語をあまり話すことのできない外国人講師にとっては日本語を勉強したり、日本についての情報を得る機会ともなり、日本についての正しい情報発信を行っていただけるものと期待している。

また、英、米、独などの総領事館とも交流を深めることにより国際交流の強化をはかっていくこととしている。

（小坂節雄）

KR&AC 理事

理事長 President	三木谷 研一 Kenichi Mikitani, PhD
副理事長 Vice President	ユスフ アフタブ Aftab Yusuf
名誉会計 Honorary Treasurer	白 鴻成 Hong-Cheng Bai
名誉書記 Honorary Secretary	呉 宏明 Komei Go
理事 General Committee	太田 英秋 Hideaki Ota
理事 General Committee	藤掛 伸之 Nobuyuki Fujikake
理事 General Committee	シャピール ツー Tsur Shapir
理事 General Committee	谷本 雅彦 Masahiko Tanimoto
監事 Inspector	ドス レメディオス ミア Mia dos Remedios
監事 Inspector	スー サリー Sally Su

KR&AC 顧問

特別顧問

三木谷 浩史（楽天株式会社代表取締役会長兼顧問、ヴィッセル神戸会長、東京フィルハーモニー理事長、新経済連盟理事長）

顧問

諫山 大介（神戸市会議員）
伊藤 紀美子（株式会社田嶋、代表取締役社長、神戸商工会議所副会頭）
井上 佳昭（大阪ガス株式会社執行役員、兵庫姫路統括地区支配人）
上谷 佳宏（弁護士法人東町法律事務所代表社員弁護士、神戸ロータリークラブ元会長）
榎崎 洋（榎崎洋税理士事務所所長、兵庫県サッカー協会監事）
大井 としひろ（神戸市会議員）
尾山 基（株式会社アシックス代表取締役会長 CEO、神戸日米協会会長）
日下部 昇（いぶき法律事務所弁護士）
小浦 猛志（日本テニス協会元常務理事、兵庫県テニス協会元副会長）
小坂 節雄（自民党政務調査員、元在ハンブルク日本国総領事）
五島 大亮（神戸市会議員、スポーツ推進神戸市議員連盟事務局長）

坂井 宏成（ひろクリニック院長、日本テニス協会兵庫県医事委員、医学博士）
堺 充廣（さかい法律事務所弁護士）
篠﨑 一浩（篠﨑倉庫株式会社代表取締役社長）
島山 清史（兵庫県議会議員）
炭本 圭之（炭本歯科医院院長）
高木 正皓（兵庫県生涯スポーツ連合会会長、関西広域連合協議会委員、
ワールドマスターズゲームズ 2021 関西兵庫県実行委員）
髙木 應光（NPO 神戸外国人居留地研究会理事・事務局長、日本ラグビー学会理事）
田嶋 幸三（公益財団法人日本サッカー協会会長、アジアサッカー連盟理事、
日本オリンピック委員会常務理事）
達川 正美（株式会社ビィー・プランニング代表取締役）
田辺 眞人（園田学園女子大学名誉教授）
土橋 達生（ブランドゥブラン株式会社代表取締役副会長）
土井 正孝（内外ゴム株式会社代表取締役社長、神戸保育会理事長）
道満 雅彦（オリバーソース株式会社代表取締役社長、神戸ロータリークラブ元会長）
中内 仁（株式会社神戸ポートピアホテル代表取締役社長、神戸ロータリークラブ元幹事）
中山 剛（デフサッカー日本代表元監督、兵庫県サッカー協会理事）
長瀬 信博（長瀬信博建築研究所代表、一級建築士）
永松 潔和（永松皮膚科医院院長）
朴 カンジョ（ヴィッセル神戸 U15 UMDS 監督、元韓国代表）
福井 正一（フジッコ株式会社代表取締役社長）
藤澤 正人（神戸大学医学研究科長・医学部長）
益子 和久（神戸市サッカー協会会長）
松岡 辰弥（神戸ゴルフ倶楽部名誉会計、神戸ロータリークラブ幹事）
皆川 広一（神戸新聞事業社顧問、兵庫県サッカー協会副会長）
森本 泰暢（森本倉庫株式会社専務取締役、廣野ゴルフ倶楽部キャプテン）
矢崎 勉（矢崎登記測量事務所所長）
吉井 満隆（神戸経済同友会代表幹事、バンドー化学株式会社代表取締役社長）
吉田 健吾（神戸市会議員）
吉田 謙治（神戸市会議員）
和田 剛直（和田興産株式会社副社長）

〔五十音順・敬称略、2021 年 1 月現在〕

あとがき

田辺 眞人

神戸レガッタ・アンド・アスレチック倶楽部（以下ＫＲ＆ＡＣと略す）は、日本で最も長い歴史を誇るスポーツ・クラブである。この十数年、健康志向の日本中で駅近のスポーツ・クラブがにぎわっているが、ＫＲ＆ＡＣははるか１５０年も前に神戸外国人居留地の人々によって創設された。１８７０（明治３）年のことである。１８７０年というと、神戸が開港され兵庫県が誕生して3年後、大阪と神戸の間に鉄道が開業する4年前のことで、１８８９（明治22）年に発足する神戸市より20歳近くも年長ということになる。

当初、神戸の居留地住民の多くは英国人だった。その英国ではヨーロッパ諸国の中でも群を抜いてスポーツがさかんだった。学校でもスポーツが教育に取り入れられて、フェア・プレーを尊重する健全な国民の育成が計られていた。ＫＲ＆ＡＣはこのような英国人の生活文化が異国の地、日本に根づいたものであった。

このクラブで初め欧米人がスポーツや社交を楽しみ、それに接した日本人が欧米人のスポーツをまね始め、クラブハウスのあった東遊園地は、近代ヨーロッパのスポーツが流入する窓口になった。やがて、アジア各地から来た人々も加わって、ＫＲ＆ＡＣはスポーツ文化を通じて神戸の近代化や国際交流に重要な役割を果たしてきた。

日本では最近、スポーツマン（厳密にはスポーツパースンが妥当だろうが）をアスリートと呼ぶようになっているが、ここでは１５０年も前からアスリートなどの形容詞型アスレチックをクラブ名に使っている。陸上の競技アスレチックと水上スポーツのレガッタを組み合わせて、水上陸上のスポーツ・クラブという名称なのである。本書はこのようなクラブ１５０年の記録である。

ＫＲ＆ＡＣ創立１５０年にあたる２０２０年は、奇しくも三度目の東京オリンピックが計画された年であった。東京オリンピックの最初の計画は戦争のために断念され、二回目の計画は見事な成功を納めた。そして三度目は新型コロナウイルス禍と失言に右往左往させられた。これもまたスポーツ文化の歴史の現実であったが、ＫＲ＆ＡＣの創立が、第1回近代オリンピック大会がアテネで開催された１８９６（明治29）年より、四半世紀も早かったこともまた歴史の事実である。

このような意義深い本クラブの歴史が、熱心な編集会議をくり返して、ようやく完成した。編集・執筆・出版に尽力された各位に心から敬意を表し、本書が多くの人々の本クラブ理解に資することを祈って、監修者のあとがきとさせていただく。

神戸レガッタ・アンド・アスレチック倶楽部150年史
～日本スポーツ文化史とKR & AC～

2021年2月28日 発行

編者――呉　宏明　髙木應光
監修――田辺眞人
発行――神戸リガッタ・アンド・アスレチック倶楽部
〒651-0085 神戸市中央区八幡通2-1-20
TEL 078-231-2271　FAX 078-221-5702
URL: http://www.krac.org/

発売――神戸新聞総合出版センター
〒650-0044 神戸市中央区東川崎町1-5-7
TEL 078-362-7140 ／ FAX 078-361-7552
URL:https://kobe-yomitai.jp/

印刷／神戸新聞総合印刷

落丁・乱丁本はお取り替えいたします